マニュアル

障害児が普通学級に入ったら読む本

障害者の教育権を実現する会

石川愛子・宮永潔［編著］

社会評論社

はしがき

想像してみてください。地域の子がみんな地元の小・中学校に通っている姿を。

教室には、背の高い子も、低い子も、やせた子も太った子も、運動が得意な子も、算数が好きな子も、きらいな子も、気の強い子もお調子者もいろんな子がいます。

いろんな子がいてあたりまえ。なかには、車いすの子も、知的障害ある子もいるかもしれません。けんかしたり、仲直りしたり、笑いあったり、もめごともおこしながら、コミュニケーションの仕方を学んでいきます。中には、障害ある子に合わせたルールを作り出してくれる子もいることでしょう。

授業中は、どんどん挙手する子もいれば、ちんぷんかんぷんという子もいるかもしれません。そこに知的障害あるAさんがいて、みんなと同じ目標にはいたらなくとも、かけざんを暗唱するのを聞くことはできます。リットルマスを使うとき、単位はわからなくとも、その子なりに何かを学び、感じとっているはずです。学びということを普通考えるより広くとってみてもよいのではないでしょうか。

知的障害があるBさんには、そばには補助教員がついていることもあります。また、別の時間はリソースルームで個別指導を受けることもあるでしょう。車いすのC君は、2週間に1度、療育センターに通い機能訓練に励み、目の見えないDさんは、夏休み、盲学校に白杖訓練に通うこともあります。

これらは、外国のことではなく、日本のどこかで実際にやられ、報告されていることです。わたしたちは、障害のあるなしにかかわらず、すべての子が学区の通常学級に学籍を保障され、個々のニーズに即した配慮ある教育を受ける権利があると考えています。それが、地域の子は地域でそれぞれのちがいをみとめあいながら、みんなといっしょに包み込んで育てるインクルージョンという考え方なのです。

統合教育がはじまって30年、通常学級で学ぶ子は多くなっています。親御さんがその意志さえ固めれば、学区の小学校の通常学級で学ぶことは、可能になってきています。ところが、障害ある子とくに知的障害ある子が、みんなの中で、どう学ぶかということが、いまだに未解決のまま、教師のほうも通常学級でどう受けとめたらいいかわからずに手をこまねいているのが現状ではないでしょうか。

私たちがシンポジウムをもったときにも、また、「実現する会」の総会の際にも、どうすれば学区小に就学できるかだけでなく、みんなの中でどう学んでいるのか、どう成長しているのか、その実際も、マニュアル本にしてほしいという要望が寄せられ、そこでこの本を発行することになりました。

本書を読んでいただければ、どこに視点を置いてこどもの成長をみていけばいいか、学習をどう考え、教科教育はどうすればいいか、学校でどんな問題があるか、どんな先生がいるか、どんな風に対応していったらいいかなどの実例があげられており、これからさまざまの問題に直面するであろう皆さんのヒント集になっているはずです。また、「要望書」などの資料はほかに類例を見ない貴重なものとなっています。

わたしたちは、先に同じ出版社から『マニュアル 障害児の学校選択』『マニュアル 障害児のインクルージョンへ』を上梓しました。その意味で、本書はこれらの姉妹編ともいえるものです。内容については、目次をご覧いただけると幸いです。さまざまの障害について、小学1年生から中学生まで網羅し、「実現する会」結成以来35年の運動と実践と理論の蓄積がここに結実しているといえます。手探りで進んでおられる親御さん、教師の皆さん、支援の皆さんの行く手を必ずや照らしてくれることでしょう。障害児教育に、もっといえば、広く教育に関心をお持ちのみなさんにぜひとも読んでいただきたいと思います。

この地球、この社会を平和、人権、環境の面で少しでもよいものにして子ども達に手渡したいものと思いつつ、60回目の「長崎の日」にペンをとっています。

2005年8月9日

石川　愛子

［マニュアル］障害児が普通学級に入ったら読む本＊目次

第I部

こうすれば出来る、障害児のインクルージョン

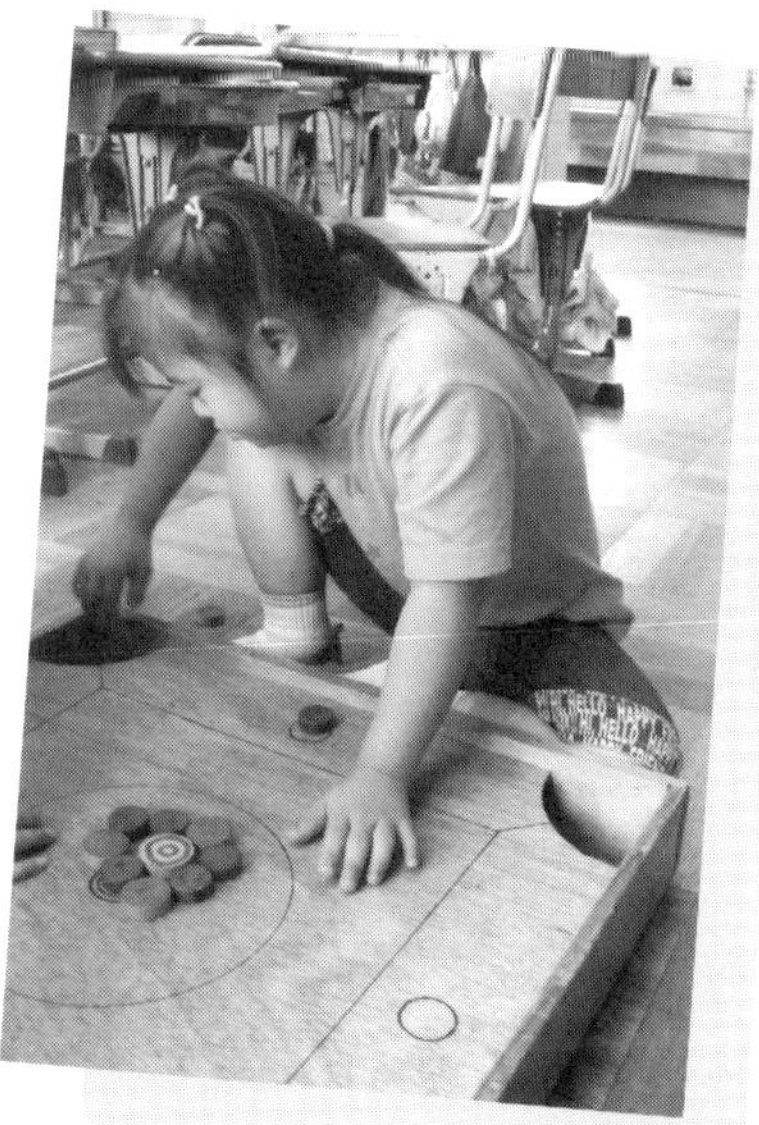

〈地域の学校で学ぶということ①〉

十人十色、障害ある子もいてあたりまえ

インクルージョンへ

教室にはいろいろな子がいます。いろんな子がいてあたりまえです。

ＬＤ（学習障害）で、話は上手なのに、文字が書けない子、家では話が出来るのに学校では一言も口がきけない場面緘黙の子、何らかの心的外傷を受けているのか便器にまたげずオムツをしている子、ＡＤＨＤ（注意欠陥多動性障害）と診断され、暴力的で薬を飲んでいる子、来日したばかりで日本語の話せない外国籍の子、会社の倒産で父が行方不明になり母の実家から遠距離通学する子、追ってくる父親から逃げて学校を転々とする子、虐待する親が怖くて夜中まで家に帰れない子、数え上げればきりがないほどさまざまな問題をかかえている子たちと出会ってきました。私は、教員になったとき、教室はまさに社会の縮図と思ったものでした。

そのなかで、どうして障害ある子だけ別扱いされる必要があるのでしょう。障害ある子もあたりまえに普通学級にという要求が出てくるのは、当然のことといえます。

全世界的に、とくに欧米諸国では、分離隔離型の障害児教育の限界が自覚され、障害ある子もあたり前に学校に受け入れていくインテグレーション（統合教育）がすでに一九七〇年代からはじまっています。人権思想の伸張を背景として障害児教育についても、アメリカ「全障害児教育法」（1975年）、イギリス「ウオーノック報告」（1978年）、ノルウェー、フランス、イタリアなどなど、そして、国連で採択された「国際障害者年行動計画」という具合に、分離から統合へ、インテグレーションの方向が打ち出されました。

そういった流れの中で、1994年にはスペインのサラマンカにおける「特別ニーズ教育にかんする世界会議」（スペイン政府、ユネスコ共催）でサラマンカ宣言が採択され、インクルージョンが提起されました。

「・個人の違いや困難にもかかわらず、あらゆる子どもを包み込むことができるように、教育システムを改善することに、最高の政策と財政上の優先権を与えること。

・あらゆる子どもを普通学校に学籍措置する包み込み教育の原理を法律あるいは政策の問題として、やむをえない理由がないかぎり採用すること」としています。

インクルージョンというのは、包括することという意味で、ノーマライゼーションの教育版と考えてもいいでしょう。それまでのインテグレーション（統合教育）では、通常学級に障害児を迎え入れるという考え方でした。インクルージョンは、その地域で生活している子どもたちのなかには、障害のある子もない子も十人十色にさまざまな子がいるけれど、それらの違いを認めたうえで、そのすべてを包みこむような教育という考え方です。そういう教育がされねばならないと、国連のユネスコで採択されたということです。

日本でも、いち早くインクルージョンに着目し、その思想を広めている「障害者の教育権を実現する会」などの団体ばかりでなく、33万人の会員を持つ知的障害児の親の会の「全日本手をつなぐ育成会」でも「21世紀はインクルージョンでいこうよ」ということが言われるようになりました。そして、省庁改編された文部科学省でも、特殊教育課が特別支援教育課と名称変更されました。インクルージョンの思想が、背景にあってのことと、期待したい思いを抱いたのはわたしだけではないでしょう。

1　学びの意味を広く

ところが、残念なことに教育の現場では、インクルージョンという言葉すら知らない教師が多いというのが現実です。それは、まだ、文部科学省が本気で取り組んでいないからでもありますが、どうすれば、日本でも可能にしていけるのでしょうか。

指導要領の改訂で、多様化も叫ばれて久しいのに、実際には、画一的な教え込み教育から抜け出せないでいるのが現状です。それは、担任が、二〇人以下の子を扱っている諸外国と比べて、35人からの子を相手に学習をすすめなければならない、というところに大きな壁があると感じています。それでも、インクルーシブな教育がなされている報告もあちこちに聞きます。一人の担任の熱心な取り組みだったり、補助や介助などの支援つきでいい状態が作れている場合などさまざまです。

わたしはいま理科専科（二〇〇一年年当時、現在は障害児学級の担任）をしていますが、仮説実験授業という、問題―予想―討論―実験―結論という流れで、自分の仮説を実験で確かめるという授業をやってきました。

子どもたちは問題を読み、その予想は選択肢ア、イ、ウ…から選んで挙手します。知的障害のあるAちゃんは、いつもアに手を上げました。実験をしてたまたまアの結果になると、喜んでいました。ところが、そのうち、アだけでなくて、みんなの予想の多いところを選ぶようになりました。Aちゃんにとってその授業は無意味だなんて言えるでしょうか。問題の意味はつかめなくても、選択肢の中からどれか一つを選ぶということを理解するばかりでなく、どうすれば当たるかにも思い至ったのです。Aちゃんにとって、このゲームのようなことも大勢の友だちとやるから楽しいのだと思います。そして、実験に使ったアルコールランプ、ピンセットなど一つずつ覚えていきました。

教室には、仮説を立てて、自分の考えを言う子もいます。友だちの考えをよく聞いて予想変更する子もいます。あてずっぽうの予想を立てる子もいます。ゲームのように当たりはずれを楽しむ子がいてもいいのではないでしょうか。さまざまに授業を楽しみ、科学に関心を持ってくればいいなと思っています。

また、かつてわたしは、障害児学級の担任をしていました。子どもの学籍は障害児学級にあっても、通常学級が基本、障害児学級担任は、通常学級担任の補助と個別指導、という形で運営してきました。もちろん、保護者の同意と通常学級担任の協力があってのことですが…。そのことで、障害ある子たちもあたりまえに、○年○組の一人と自覚し、受け入れられてきました。

1年生のBちゃんは、授業中も席を立って友達のそばに行き、鉛筆の動きを眺めるのが好きでした。Aちゃんの補助についているわたしは、その動きにハラハラしましたが、Bちゃんも微妙にクラスの雰囲気を感じ取っていて、先生が説明しているようなときは動かず、子どもたちの作業が始まると、友達のそばに行く。たまにいやがる子もいましたが、上手にBちゃんの相手をしながら、作業を進める子のそばで飽きずに見ていました。このBちゃんの人の表情を感じ、場を感じ取る力は、生きていくうえで大切なものです。

もちろん学年が上がるにつれ、席立ちも少なくなりました。そして、一人ずつクラスの子の名前も覚え、字を読んであげれば、嬉しそうにノートを配ってくれました。配り係もできるようになったのです。

Bちゃんに限らず、わたしがかかわった障害ある子たちは、ひらがなを覚えるとき、それぞれのクラスの子の名前カードを使いました。まず、動物や車の絵カード（裏に文字）で、物の名前を文字であらわすことをつかむと、クラスの子の名前カードにもとても関心を示しました。友達の名前も文字で表すことや一音一文字に気づき、読めるようになりました。手作りの名前カードは、どの子にも万能で、それだけ友だちへの関心の強さを表していました。

知的障害の子を育てた野口夏紀さんは次のように言っておられます。

「知恵遅れの子にとって、おおぜいの子どものなかで、見よう見まねでなんとなく身につけていく学び方が、強制感がなく、ゆっくりと覚えられて一番良いように思えます。教える側の役目は、よく観察して、その子が迷っているところ、わからないでいるところを発見し、理解するよう、出来るよう、かみくだいて手立てを考えてやることだと思います。……

そして、このような条件を満たすのは、いまのところ普通学級です。同年代の子どもがおおぜいおり、多くの真似すべきモデルがあり、年相応の環境が保たれている場所です。……

学校は日常の生活の流れやルールを学ぶのにもよい場所で、しかも日常生活がうまくできるようになれば、それにともなって『読み書きそろばん』のほうも伸びていくことを経験から感じております。本当に知恵遅れの子の成長を願ってくださるのならば、学びの意味を広くとらえて、もっと気持ちよく普通学級に迎えてほしいものです。」（障害者の教育権を実現する会編『マニュアル　障害児のインクルージョンへ』、社会評論社）

学習、学力の意味を広くとらえることは、知的障害の子に限らず、健常な子にも必要なことです。旧来の狭い意味での学力観を変えていかねばなりません。

2　迷惑意識をこえる子たち

さて、わたしはかつて普通学級で学ぶ障害ある子の補助的役割もやっていたことを述べましたが、その際、集団行動などとくに、みんなと一緒にできるよう、迷惑がかからぬようとつい考えてしまいました。

ところが最近、ちょっと嬉しい話を聞きました。車イスで、重い知的障害もある菊地翔子ちゃんには、2年生になって介助員がつく前、お母さんやボランテアの人が交替で、付き添っていました。春の遠足に付き添ったボランテアの人からの報告がありました。

「列は、翔子ちゃんの前にも後ろにもあってぞろぞろ歩いているのだけれど、どうしても翔子ちゃんが遅れがちになり前があいてしまう。そういう場合、後ろの子が『早くしてよ』と促すのでも追い抜いて先に行くのでもなく、あたり前のように後ろにずっとついていってる。それにあわせて、先に行った子たちは、あまり間隔が開きすぎたなと思うと、その場で待っていて、追いつくとまた歩き出すという具合で、翔子ちゃんのペースに自然につきあう子どもたちに驚いた」。

もしわたしだったら、つい遠慮して「先に行って」と言ってしまったかもしれません。迷惑意識で大人が先走ってしまっては、この素晴らしい光景は生まれなかったことでしょう。

よくアメリカなどでは車イスの人がバスに乗ると、忙しい朝なのに、時間のかかる車イスの昇降をみんな手伝うでもなく、嫌がるでもなく、自然に待っていると聞きます。日本なら、「こんな時間に乗っていい加減にしてくれよ」という雰囲気を有形無形に感じることでしょう。このちがいはなにから生じるのでしょうか。

翔子ちゃんのボランテアの人の話は、日本での迷惑ということの意識改革の可能性をも示してくれるものです。この子たちが、21世紀をになうのですから。

教室は、社会の縮図であるばかりでなく未来社会を作るところともいえましょう。

埼玉県　石川愛子

（増刊『人権と教育』34号、2001年5月）

〈地域の学校で学ぶということ②〉

原点としての障害児教育

1　普通学級で障害児が学ぶ意味

容平君は5年生になった。脳性マヒによる身体機能の未発達と、ことばが全く出ないという状態で小学校に入学してきた。入学当初は一人で歩行することもあやぶまれるほどで、身体はやせて小さかった。5年生になった容平君は、5、6年生が参加するクラブ活動で理科クラブを選んだ。

私は今年の理科クラブは、理科工作を主にやっていこうと思っている。望遠鏡とか、モーターとか、みんな手作りでやってみようと思っている。理屈はあまりわからなくてもいい。とにかくこうやって作ればうまくできるのだという成功の喜びを体験してくれればいいと思ってのことだ。

初めてのクラブの時間には浮沈子《ふちんし》を作った。ビニール製のスポイトを使って作る。作り方そのものは簡単だが、ちょうど水中に宙ぶらりんに浮くぐらいにする調整がむずかしい。スポイトの口の細くなったところに、エナメル線をまきつけ、スポイトが水中に立つようにし、スポイトに水を入れ、空気も少し残す。この水と空気の量の調節によってやっと水中に宙ぶらりんのかたちで留まるようになる。

そうなったら、口の細いびんや、メスシリンダーのようないれものに水をいっぱい入れて、スポイトを浮かし、水面を手のひらで圧する。するとスポイトはすうっと沈み始め、手を離すと、また浮いてくる。まるで生きているように浮き沈みする。

子どもたちには、まだその理屈はよくわからないが、水泳のとき、空気をたくさんすうと、水に浮きやすくなるくらいのことは知っている。

調整に苦労していた子どもたちも、ひとりふたりと成功していった。容平君は5年生の同じクラスの友だちといっしょに作った。指先がうまく動かないし、にぎることがうまくできない容平君にとって、このこまかい作業はひとりでは無理だ。

しかし、科学的なことへの関心の強い容平君は、とにかくいっしょうけんめいだ。容平君の手助けにはいった友だちの杉元君は自分の浮沈子は成功したが、容平君のはうまくいかなかった。6年生で、一番目に成功した木村君も容平君の手助けにはいった。

微妙な調整が必要なだけに、手が多くなったからといってうまくいくものではない。クラブの時間の終りのチャイムが鳴ってもだれもやめるものがなく、私も少しあせってきた。

容平君のをみるとちょっと空気の量が多いようだ。浮いてくるのが速すぎる。私がちょっと手を出そうとすると、容平君は自分でやりたいふうだ。多分いっしょにやろうとした友だちも、容平君のその気持を大切にしていたから、なおさらに遅くなったのだろう。

容平君の手に私の手を添えて、ほんのわずかな水を入れた。びんに入れると、こんどは底に沈んでしまった。

「あ～あ」

まわりの子どもたちも、いつしか気にしていて、同じような声を出した。とりだしたスポイトを容平君の手に持たせて、あと2～3回調整した。やっとゆっくりゆっくり浮くようになった。手の小さい容平君のために、細目のメスシリンダーに水を入れた。容平君はみんながやるように、手のひらをメスシリンダーの口にかぶせて押した。しかし、手のひらが曲がってしまっているため、すきまができてしまって、水に圧力がかからない。曲がってしまっている手の甲を私が押してやると、浮沈子は、すうっとさがり始めた。私が手をはずすと浮いてきた。

容平君は大きな目をさらに大きくしていたが、顔中がほころび、はね上がりたい気持をいっぱいに身体に現して喜んだ。容平君がこんなふうに喜んだ姿を初めて見たように思う。

みんなが家に持って帰って家の人に得意になってやってみせたらしい。次の日に会ったひとりのお母さんが、

「一日中何回も見せられましたわ」

と言っていた。

容平君は家でもやりたかったようだ。でもお母さんにやり方をうまく伝えきれなかったらしく、お母さんがわざわざ私のところにききに来た。

みんなと同じものができたときのあの容平君の喜びにあふれた姿こそ、みんなの中で学び続けているひとつの意味だと思った。

容平君が4年生のときは、教室が私のいる理科準備室の隣だった。クラスの子どもたちは準備室と続く教室の廊下でよく遊んでいた。ワックスがかかっている木の廊下は、子どもたちが座りこみ、とっくみあい、すべりあい、多様な遊びの場になっている。毎年一時期、メンコがはやる。

容平君もメンコ遊びのなかまにはいっていた。他の子どもたちのような激しい動き、床にたたきつけるメンコの響きはないが、メンコ遊びに加わっていた。いつも3、4人いっしょだ。どうやら容平君には特別なルールがあるらしい。私は興味はあったけれど、ききだすこともなく、ほほえましい気持で、その脇を通りぬけた。

いろいろいうことはない。容平君の友だちと混じりあって遊ぶ姿が毎日そこにあることで十分だと思った。

数日たって、廊下を通るとき、ふと見ると容平君のメンコが他の子とちがっている。ぶ厚くなっているのだ。

「めずらしいメンコだな。」

私が声をかけると、

「容平君が自分でうまく持てるようにね」

ということばが返ってきた。

容平君の手では、ふつうのメンコの厚さでは床にぺったりと置かれていると、とりあげることができない。だから友だちが工夫したのだ。私はそのメンコを見ながら嬉しかった。

当然のことだが、障害があり大きなハンディキャップを負っている子どもが、みんながやることを、なんとかやってみたいと思って興奮したり、努力したり、失敗してみることは重要だ。障害もなく特にハンディキャップをもたない子どもたちも、そうして経験を積み重ねていくものだから。

発達段階からいって「こんなことは無理だろう」とか「やっても無駄だ」と考えて、ひっこめてしまうこともあるにちがいない。まだまだそう決めてしまうのには、われわれは障害児の教育について少ない経験しか持っていない。

普通学級で毎日毎日授業をやるなかで、子どもの考え方などについて、毎日のように新しい発見があることから考えれば、障害児の教育については未知の部分がはるかに多いと言うことができる。

　普通学級のなかでいっしょに学ぶ障害をもつ子どもたちが、みんなと同じにやろうとして努力するという側面ではもちろん、メンコの例のように、みんなが障害をもちハンディキャップをもっている子どもに、どれだけ近づけるかという側面でもはかりしれない教育的収穫をわれわれは得ていくはずである。

2　四〇分の一であり、同時に一であること

　私が全盲児高橋しのぶさんの担任になって、自分に言いきかせていたことは、特別扱いをしないということだった。それは、私の学校（当時）が障害をもつ子どもといっしょにやっていくときの原則である。

　特別扱いをしないということの基本には、まず、私の学校のカリキュラムでいっしょにやっていくということである。全盲児だからと言って、そのために別のカリキュラムを用意しないということである。

　そのことは、他のクラスにいる別の障害をもっている子どもたちの場合にも同じことである。耳がきこえない子どものため、ものごとの理解に時間がかかってしまったり、あるいはほとんどことばが出せなかったり、体がうまくきかなかったりする子どもについても同じことで

ある。

全盲の子どもが、美術の授業でみんなといっしょに絵を描いていくことができるだろうか。サッカーもバスケットボールもいっしょにできるだろうか。耳のきこえない子どもが、音楽や国語の授業をみんなといっしょにできるだろうか。ものごとの理解が、たいへんゆっくりだったり、あるいは困難だったりする子どもが、算数の授業や理科の授業をいっしょにやっていかれるだろうか。そういう不安はいっぱいある。

しかし、不安だから、わからないから、予想がたたないから、いっしょにやっていくことをやめるということにはならない。

障害のある子どもがそのクラスにいようといまいとにかかわらず、子どもにとって魅力ある授業をつくっていかなくてはならない。それは障害のある子どもに合わせるとか、障害のない子どもに合わせるとかということではなく、みんなを含みこんだ、ひとつの集団への働きかけとしてある。

こう言ってくると、「そんなばかなことがあるものか。たとえ障害のある子どもがいなくたって、勉強がおくれている子どもには個別の指導をするではないか。まして障害をもっている子どもがいるのに」という反論が出るにちがいない。

特別なカリキュラムを用意しないことは、個々の子どもを無視することではない。

全盲児高橋しのぶさんのいるクラス担任としての苦しかった経験がある。

私は初めて1年生の担任をしたことで、まず1年生の教育について自信がなかった。そして、どうしても全盲のしのぶさんのことが気になって仕方ない。黒板に字を書いても見えないのだからと思うと、だんだん黒板が使えなくなる。絵を描いて子どもたちに見せたら授業に役立つだろうと思いながらも、その絵はしのぶさんには見えないと思ってやめてしまう。

他の手だてを工夫したりするよりも、そのことをやめてしまう傾向が強かった。しのぶさんが気になって、子どもたち全体を見られない状態になり、その悪循環で、次第に自分が落ちこんでしまう結果となった。

職場の教師の批判などがきっかけで、2学期から、まずしのぶさんを気にせずに、津田道夫氏のことばによれば、しのぶさんを否定することによって（「小さな教育革命」『ひと』102号・太郎次郎社）クラス全体が生き生きとするような授業をつくることに意を注ぎ、実践した。

するとおかしなもので、そういう授業をやっていくなかで、しのぶさんの姿がはっきり見えてきて、見えないというハンディキャップに対する手だても、つぎつぎに見出し、工夫できるようになってきた（津田道夫氏はこれを否定の否定と言う）。私は否定の否定という弁証法を意識的に適用したわけではないが、そう言われてみると、まさにそうなのだ。

ひとつの原則。どちらに合わせるというのでなく、まずその授業の対象である全ての子どもに、すばらしい授業をすること、それが、普通学級でいっしょに育っていく原則なのである。

子どもたちひとりひとりは、四〇人クラスなら四〇分の一であるけれども、同時に一なのだということが大切なのである。

3 いろいろなレベルで楽しめる授業や活動を

容平君は5年生の現在（当時）でも、ほとんど話すことができない。友だちや教師に自分の意志を伝えることはなんとかできるが、慣れない私にとっては、容平君の言おうとすることを知るのはむずかしい。ひらがな文字はゆっくり時間をかけて書くことはできるが、書きあらわすことのできることばの数は、たいへん少ない。

容平君は理科の授業がすきだ。容平君は抽象的な思考をしたり、論理をくみたてていくことはほとんどできないように見える。ことばがうまく出ないから、討論をすることもできない。しかし、理科の授業にはよろこんで参加している。

仮説実験授業が子どもたちに歓迎される理由はいろいろあるだろうが、そのひとつに、子どもたちがいろいろなレベルで授業をたのしむことができる授業だということがあるように思う。

4年でやった仮説実験授業の〈三態変化〉の授業は、目に見えない原子・分子のイメージを頭に描きながら、物質の三態変化を納得していく授業であるといってよい。空気が液体や固体になるかというような問題について考えることは、容平君にとって、どんなふうに可能なのかなとは思う。しかし、そんなことは気になりながらも、私も容平君も毎時間いっしょに授業をやっているのである。

仮説実験授業の授業書による授業では、子どもたちにひとつの実験の結果がどうなるかを予想させる問題がまず提出される。その問題についての予想は多くの場合、3〜4項に分けられた選択肢の形になっている。

子どもたちは、問題で問うていることがわかったら、それらの選択肢の中から、実験の結果と一致するであろうものを選んで◯をつける。この予想をたてるということが、この授業の最も中心になる活動である。

自分の予想をきめる（選択肢を選ぶ）というのは、この授業では全部の子どもに要求されている。しかし、どんなレベルで予想をたてるかということは一切問われない。みごとに論理的に予想をたてられる子どももいれば、自分の直観で決める子どももいる。そんなものを持ちあわせていない子どもは、あてずっぽで決めたり、「天のかみさまのいうとおり」と、神だのみしてしまう子どももいる。正しい理由と正しい答が出されないと、叱られたり、肩身のせまい思いをしたりする算数の授業などにくらべると、はるかに気楽である。

もうひとつ全ての子どもに要求されていることは、自分がどの選択肢を選んだかを発表することである。発表はふつう挙手をすることで行なわれて、それぞれの選択肢を選んだ人数が表記される。

子どもたちはそれによって自分の考えが、クラスの中で多数派に属しているのか、少数派に属しているのかを知ることができる。

容平君はその表をみて、あるいは手のあがる数をみて、多数のほうに予想を変えてしまうことがあった。2、3回そんなことがあって友だちに批判された。3年生のときのことである。それで、今（当時）はあんまりそんなことはしなくなったが、私は多数派のほうに予想を変えるという形での参加ができることも、いっしょに学ぶひとつの姿だと思った。

もし、その問題で提出されたことが、子どもたちの、なんらかの仮説に裏づけられて予想が立てられるようなものであれば、なぜそうなるかを言いあって討論が行なわれる。そのなかで、相手の考えのほうがいいと思えば、自分の選んだ予想を変えることもできる。

そして、どの予想が正しいかは実験によってたしかめられる。どの予想が正しかったかは、教師の説明がなくても、子どもたちには一目瞭然である。

容平君はこのような授業にたしかに参加している。問題についての予想が、選択肢の形で出てくるときは、確実に○をつけている。

問題でなにが問われているかは、できるだけ実験装置や道具を使いながら説明し、実験の結果がこうなったら選択肢の「ア」が正しく、こうなったら「イ」が正しいというやり方で説明をする。だから自分で問題文を読みとることが不十分であっても、その問題で問われていることとはかなりわかるのだろう。

予想が決まれば、実験の結果への関心はたかまる。容平君も実験の結果への関心はたかく、予想どおりだとわかると、にこにこ顔になる。

少なくとも容平君が、この理科の授業の中で否定されたり疎外されたりする場面はないのである。

なんとなく予想をたてるという子どもは、他にもたくさんいる。いろいろなレベルの子どもがいて、完全に容平君と連続しているのである。だから、それなりに授業にたのしく参加できるのである。

学校の授業とか行事とかが、もっと幅広いレベルでの参加が本質的にできるようなものであれば、いっしょに学んで育っていく道は、もっと広がるであろう。

東京都　平林浩

(『仮説実験授業と障害児統合教育——障害児とともに学ぶクラスでの実践』、現代ジャーナリズム出版会、1983年)

〈1年生　遅滞の子の場合〉

ぐるっと回ってまたあした

遅滞児の情緒

1　さやかちゃんとの出会い

さやかちゃんは、お父さんの転勤で埼玉県（与野市、現さいたま市）に越してきた。両親は、事前に市内の障害児学級を何校か見学され、私の学校の通級の形態を選んで入学を決められたのだった。

2月頃、見学にいらした際、さやかちゃんは、初対面の私に「せんせい！」とかけ寄ってきてとても人なつこかった。その一方で、途中からお父さんが用事で出かけられると「パパ、パパ」と泣いてお母さんを手こずらせていた。私は、札幌からの長旅で疲れているだろう位に考えた。そして、さやかちゃんは、言語もあり、発音も比較的明瞭で、身辺自立もおおよそできているし、社交的な人なつこい性格なのだろうと予想した。

「さやかちゃん粘土好き？」「うん」ともう夢中。

札幌からの引越しの関係で両親と事前の打ち合わせができずに入学式を迎えた。さやかちゃんは1年1組にクラスも決まり、補助に行った私と「せんせい！」と手をつないでくれた。幼稚園の先生もきっと可愛がってくださったのだろうと思った。

入学式場に向かうため、1年1組の子たち全員教室の廊下に並んだが、さやかちゃんは「うさぎ」と言って飼育小屋に走る。言い聞かせてみんなより一歩遅れて式場の体育館に向かおうとするも、大好きなすべり台が目について、今度は「すべりだい」と言って校庭に走る。焦るご両親や私を尻目にさやかちゃんは、興味が次々と移っていく。お父さんに言い聞かせられ、私と手をつないで体育館に入ったときには、すでに入学式が始まっていた。

新入生の両側に、2年生と6年生が並び、後ろが父母席になっている。さやかちゃんと私は、新入生の席に並んですわった。ご両親は後ろに行かず、さやかちゃんから見える位置に立ってくださった。それでもさやかちゃんは不安らしく泣き出し、結局、お母さんに隣に来てもらってようやく泣きやんだ。と、まもなくお母さんに寄りかかって眠ってしまった。

前日、寝不足かとたずねたら、そうではなくて3歳のとき発作を起こしていらい服用している薬のせいで眠くなるのだそうだ。

2　学校生活が始まって

さやかちゃんの学校の1日は、泣きから始まった。送ってきたお母さんと別れるときは引き裂かれるように泣いた。私が朝に弱いので、そこのところはろくに補助もできず、ほとんど普通学級担任まかせになってしまっていた。

朝の会が始まり、十分後には6年生が1年1組の教室に来てくれる。1年生が学校になれる5月頃まで、朝自習の時間には縦割りクラスの6年生が面倒を見てくれる。そのことで教員は安心して朝の打ち合わせもできるのだ。1時間目が始まると、6年生と私が交代した。1、2時間目は1年1組の教室に補助に付いた。

さやかちゃんは、げた箱、教室、トイレの位置、ランドセル、上ばき入れをかける位置、鉛筆のしまい方、道具のしまい方などクラスの友だちの模倣もしながら、繰り返し練習して覚えていった。そうしてみると何ということなくやりこなしているが、1年生の最初に覚えていることがとても多いことに気づかされた。

4月末の、給食も始まって数日たった頃だった。さやかちゃんは、カバンに付けてある給食袋(机の上に敷くナフキンや食後の歯みがき用のコップが入っている)を取りに廊下に走った。ところが、ドアを出て右に行くところを左に走ってしまったため、隣の2組の廊下に行ってしまった。そのため自分の給食袋が見つからなくて、廊下にごろんとして泣いていた。ランドセルは同じ形や色で見分けはつかないが、自分の給食袋の赤地にくまの模様はしっかり覚えていて、その模様をさがしていたのだ。「そこは1年2組だよ、鞘ちゃんのクラスはこっちだよ」と1年1組の廊下のランドセルが並んでいるところまで手を引いて行くと、そこでようやく自分の給食袋が見つかってにっこり。

見分けがつかないランドセルのようなものは、名前の書いてあるところを見て、さやかの「さ」の字で自分のものと心得ていたようだ。「さ」の字をマークのように覚えていた。げた箱やランドセルかけ、上ばき入れかけは名前のシールに黄色いシールもつけて見分けやすくした。

さやかちゃんにとって意外にむずかしかったのは、カバンにものを入れることだった。縦に入れれば難なく入るのに横に入れようとして入らず、口惜しがっていらだっていた。また、落ちた紙を拾おうとするが、自分で踏んでしまっていて引っ張ってもとれず、口惜しがっていることもあった。さやかちゃんが、学校に少しずつ慣れていった4、5月私もさやかちゃんの状態を手探りでつかもうとしていた。

さやかちゃんは、所かまわずよく眠った。教室やプレールームはもちろんのこと体育館や校庭でも眠たくなるとスコンと寝てしまう。薬のせいだと思うが、校庭のときは、体操隊形になって広がってくる子たちを前にして、さすがに私もあわてた。ぐっすり寝ているさやかちゃんを、とりあえず玄関まで運び、そこで、私の膝を枕にしばらく休んだりしたものだった。両腕で抱き上げて教室に運ぶのは私では無理なぐらいの肥満体である。1年1組の教室で眠ってしまうことも多かったので机にうつ伏せに寝られるようにクッションを用意した。そうすると、教室で眠くなるとクッションを自分で引き寄せ顔の下に当て、おっぱいを吸うような口をしながらしばらく眠ったものだ。

3　個別指導を始めたが……

個別指導は、通級学級の教室やプレールームでやるのだが、クラスの友だちとしばらく行動を共にしクラスの一員であるという意識が定着してからにしていた。さやかちゃんの場合、5月の連休過ぎから開始した。個別指導は、身体的なことと学習的なことと2時間に設定した。1

時間目を校庭か屋上で身体づくり、2時間目は通級学級で学習的なこと、3、4、5時間目は1年1組で過ごすことにした。朝の会、休み時間、給食、帰りの会は1年1組で友だちといっしょに過ごした。私は、4時間目は1年1組に補助についた。3、5時間目は、他の児童の個別指導に当たった。

1時間目の個別指導は、さやかちゃんがすべり台やブランコが大好きなので、すべり台——ジャングルジム——手渡り——鉄棒——ブランコとサーキットコースを作って、順番にやっていった。すべり台はやり慣れていてパーマンすべり（お尻でなくお腹をつけて頭のほうからすべる）の体勢にしてあげると喜んですべった。ジャングルジムはこわがっていたが、徐々に一段ずつ上の方にもいけるようになった。手渡りはとても無理で、さやかちゃんが上の横棒に手をかけ、私が身体を持ち上げて運ぶようにした。最後のところでピョンと跳び降りる練習をした。鉄棒でツバメの体型をとるのも苦手なものの一つだった。だんだんと逆さにぶら下がるなどのこともやらせた。「ブランコ、ブランコ」と励ましながら、いやがるものも少しずつやらせた。ブランコは大きく3回だけ押してあげた。「1、2、3」の数字なども日常の中で意識的に声をかけた。3回が習慣になるとまだやりたいとぐずることもなくなった。

2時間目は、通級学級に行って授業。何か学習をと思ってもなかなかやれることは少ない。次々と興味が移って5分ともたず、ふり回されるばかりという感じの日々が続いた。記録（お母さんと私の連絡用の「教育ノート」）によると6月末になって「ブロックを高くつむのが上手でした（5分）、モンテッソーリ教具の円柱さしを2回上手に入れました（5分）、ハサミで切ってのりでつける、丸く切るのは紙まわしを手つだいながら、のりを別の紙に出しておいて、ひと差し指で上手につけました（12分）」合計20分も集中できたのだから嬉しくてお母さんにお知らせしたのだった。

「かくれてしよう」とかくれんぼが好きで、そのまねごとをして遊んだり、トランポリンをしながら数を数えたり、学習を遊びにすることも心がけた。数唱も量的なことはわからなくても聴覚イメージが先と考えて、事あるごとにくり返させるようにした。

1年1組の教室では、友だちが勉強で何か書くとき前にすわり、机をのぞきこむようにして見ているのが好きだった。えんぴつの動きを追っているのか、書き出されたものをみているのか、よく見ていた。しかも自分にとって居心地のいい友だちを見つけてはその前に何分もじっとすわっていた。

プリントを配るお手伝いも喜んでやった。担任が名前を読み上げると、友だちが「ハーイ」と手を挙げる。さやかちゃんがその友だちの所に持って行ってあげると友だちが受けとって「ありがとう」と言ってくれる。そんな中で「きゅしょこくたべよう」「トランポリンいこう」「どうして?」等かかわりことばもどんどん言えるようになっていった。それまで自閉傾向の子とのつきあいが多かった私には、このかかわりことばからふえていくのが新鮮な驚きでもあった。

友だちの名前も1学期の終わりには、6、7人は言えるようになっていた。こんな風に書いていくと、何ら問題なく成長を見せてくれていたようだが、そうとばかりは言えなかったのである。

4　予想以上の不安定さ

朝自習の時間、さやかちゃんは「プランコ」とせがむ。そこで6年生がつれて行ってくれた。直前まで、お母さんとの別れで泣いていたさやかちゃんは、お兄ちゃんたちに遊んでもらうのが嬉しくて舞い上がり、ドーンとバイクを突き倒してしまったり、ヘルメットをほうり投げたり、車のバックミラーをこわしてしまったこともあった。その力の強いこと、上手に加減ができなかったのだろう。この舞い上がりも、精神不安定状態同様、自分ではコントロールできにくい状態なのだということもあとからわかった。

1年1組の友だちといても、胸に付いてるのが気になるのか、名札を引っぱっては洋服に穴をあけてしまうことなどもひんぱんにあった。さやかちゃんは、自分のも気になって引きちぎってしまうので、1年生の間は名札をしていなかった。

髪にリボンなど結んでもとってしまう。だから少し長めの髪もゆわくということができなかった。クラスの子どもたちは、さやかちゃんに名札を引っぱられないように予防してポケットにしまったり、名札を手で押さえながらも尚いっしょに遊ぼうとする姿はいじらしく、教師の方が教えられた。

手にふれるものはビリッとやぶいてしまったり、友だちがオルガンを弾いているのを見ていたかと思うとバタンと蓋を閉めてしまって怪我をさせてしまったり、手の動きには悩まされた。以前、多動な子を担当したときには、とにかくどこに行ってしまうか見失わないように、急ダッシュに備えて私もアキレス腱を強くして敏捷にならないと、と思ったことがあったが、子どもにも精神の不安定さで、足が制御できないタイプや手が制御できにくい子などさまざまだということもわかってきた。

さやかちゃんの手の動きには注意を払いつつもいつも後手に回ってしまっていた。力は他の子以上にあっても、善悪の判断や因果関係の認識が充分にないのだから、まわりが気をつけるしかない。そんなふうに、さやかちゃんを知るのに時間もかかり、1学期は、1年1組の担任も私もふり回される毎日だった。

5　別れに弱く

よく泣くさやかちゃんだった。お母さんと別れるときばかりでなく、ちょっとなじんでくると、6年生が教室にもどるときも、私と別れるときも、校門でお友だちと別れるときも泣いた。

思いどおりにいかずに泣くというより、別れの悲しい気分が克服できずにいたのだと思う。以前担任した子に泣けずに叫ぶ達ちゃんという男の子がいて、その子には、「ギャー言わないでエーンエーン泣きなさい」と教え、卒業近い頃になってようやく泣けるようになった。泣いて気晴らしできることはすばらしいと思いつつ、泣かれるのはやはりつらかった。「叫びの達ちゃんの次は、泣きのさやかちゃんだね」と同僚にも言われる位、泣くことが多かった。

ちょっとふざけたしぐさをするとニコッとするさやかちゃんだったので、泣きそうになる前にパフォーマンスをすることにした。「ぐるっと回ってまた明日」がさやかちゃんと別れ際のパフォーマンスになった。後ろ向きになってぐるっと回り、「また」で両手で糸まきのしぐさをし、「明日」でピョンととんだり、背中をむけたりアクセントをつける。そんな簡単なしぐさにさやかちゃんはニコッとして泣かずに別れられた。

さやかちゃんとは玄関で別れるときが多く、通りかかりの子たちが、玄関で踊っている私を驚いて見ていたりいっしょに観客になってニコニコしていたり。恥ずかしさよりもさやかちゃんに泣かれまい、笑ってもらおうという方が先だった。パフォーマンスなど苦手で身体も頭も固い私だが、さやかちゃんのおかげで身も心もいくらか解放されたかもしれないと思う。

とにかく私が心がけたことは、お母さんと別れて泣くさやかちゃんに、「お母さんは、おうちでお仕事、おそうじ、おせんたく。さやちゃんは学校でお勉強」と言い聞かせて、少しこらえさせたり6年生やお友だちには、別れるときそのまま行っちゃわないで、「さやちゃんまた明日遊ぽうね」といってから別れてもらうようにすることだった。自分で「お母さんおうち、おそうじ、おせんたく」としぐさまでしながら自分から言ったりするようになっていった。自分に言い聞かせて悲しい気分をこらえようとしていたのだろう。

〈ひとが気分的浄化をはかるには二つの道がある。

α 内面の気分を身体的表現に托することで、気分を疎外する道が第一であり、

β 特定気分の外的原因を納得し、気分を直観にまでもたらす道が第二である。〉

（津田道夫『実践的認識論への道』論創社）

さやかちゃんが私のパフォーマンスに笑って、悲しい気分を忘れる場合がαであり、「お母さん、おうち、せんたく、おそうじ」と原因を納得しょうとしているのがβの場合であろう。

私は以前、叫ぶ達ちゃんを担任していた頃、突然叫び出すのはどうしてだろうと、その原因を探ろうとばかりしていた。すると、それは階段でつまづいたからだったり、前日お店でキンチョールをいたずらして店の人に怒鳴られたことを思い出したからだったりということで、原因そのものをなくそうとしても無理なことが多かった。それよりも不快気分を快気分に転換していくことの大切さに思い至ったのである。以来、不快気分におそわれているようなとき、達ちゃんはこう言えば笑うということを言って笑わしていた。まわりの子たちも笑わせるようなつき合い方をしてくれるようになった。達ちゃんは、それで結構安定するようになった。

気分が安定していれば、それだけでまわりから吸収できることも多くなってくるのだ。

その反省から、さやかちゃんにも「笑い」をと心がけたのだった。

6　集中力を育てる

2学期も始まり、9月も半ば軽度の知的障害のある息子さんを育てた山下澄子さんと話す機会があった。山下さんは息子に欠けているのは集中力だと早くに見ぬき、その集中力を養うためにボール運動を毎日くり返されたというのだ。（この話は「集中力を養う――わたしの子育て」として雑誌『人権と教育』12号に掲載されている）。

遅滞の子にとくに欠けているのは集中力、危険が集中力を養うという話に、さやかちゃんの場合も、これだ！と思った。闇夜の向こうに光が見えてきたようだった。それまで漫然とやっていた屋上アスレチック運動も意味あいがちがってきた。集中力を育てるという方針が立ち、その手立てとなったのだ。

最初は、はしごのようなところを一段ずつ上るところから。さやかちゃんは階段の上り降りも誰かにつかまったり、手すりを伝ったりしていた。いやがって泣くのを一段一段励ましながらかかえて上った。こわがると身体が突っ張って、ここで二人で転落したらどうなるだろうという恐怖も味わいながらの練習でもあった。

くり返すうちには、高さ二・五メートルぐらいのアスレチックの鉄板の通路まで上れるようになった。そうして、11月末には、私が上にいっしょに行かなくても自分で上り、次のはしご渡りもできるようになっていった。さやかちゃんは、すべり台とブランコが大好きだったので、はしご渡りのあとのすべり棒と、タイヤのブランコを楽しみにがんばれた。アスレチックをやりながら、物と自分の距離をつかむこともかなりできるようになったのではないかと思う。普通に歩いている時、ころぶことなども少なくなった。

アスレチックの最初から最後までやりこなすには、空間を認知し、自分の身体を自分で制御することも必要だが、11月末にはひととおりできるようになった。黙々と慎重にそれをやりこなす姿は凛々しくもあった。

私も嬉しくて、お母さんに「是非見にきて下さい」と教育ノートに書いたら、喜んで早速来てくださった。そして、お母さんの口から「お父さんは、アスレチックのような危険なこと、とても正視できないと言っていた」と伺った。3歳のときに50回もの発作を起こしたときのイメージがいまも残っていて、つい過保護になってしまうとおっしゃった。さやかちゃんの最初のはしご恐怖などは経験不足からくるものだったので、少し慣れるとその進歩は目覚ましかった。

屋上アスレチックの進歩と同時に、教室で着席しての個別指導にも集中力を見せてくれるようになった。赤と青の2色の黒板マジックを試行錯誤しながら一五分ぐらい集中して2つのトレーに分類する様子は、写真に残しておきたいと思うほど感動的だった。それから三分類、四分類はトントン拍子。

ちょうどさやかちゃんに合った課題なら、集中もできるし、それが達成感につながり、この達成感は気分浄化をもたらしたと思う。

二分類ができると○と×が分類できて、やっていいことと悪いことを教えれば理解できてくるという。実際、普通学級の担任の先生もくり返し教えてくださる中で、名札をとったら×ということもわかってきてやらなくなったのだ。

7 人の気をひく

1学期の様子から思うと意外なほどの落ち着きを見せ、かかわりことばや日常生活面での成長を見せてくれていた12月のことである。

このころには、クラスの友だちともいくらか遊べるようになっていて、その日も女の子3人に手をひかれ、校庭でかくれんぼが始まって楽し気にしていた。それまでなら、まだ目を離せないという気持ちが働いて、近くで見守ったりしていたのだが、このところの成長に気をよくしていた私は、校舎の窓から遠くで友だちと遊ぶ様子をほほえましく見守っていた。そのうち遊びに夢中になった子たちは、さやかちゃんの手を引くのを忘れて走り出した。するとさやかちゃんは、友だちを追いかけるのでなく反対側に走り出し、近くに並んでいた2年生の児童の植木鉢をさかさにしてしまった。あっという間で、それに気づいたお友だちと私が走り寄ったのはほとんど同時だった。小さな芽は土もろとも地面に。友だちが土をもどし、芽も植えなおそうとしてくれた。さやかちゃんのこの行動は、友だちの気をひこうとしてのことだったのではないか。

後のことになるが、さやかちゃんが2年生3年生になって担任の先生も変わり、新しい先生に出会ったとき、机の上や抽き出しの中をメチャクチャにして驚かせるのが常だったが、これも気をひく行為だったのだろうか。同僚は、「さやかちゃんなりに人を試しているのよ」と言っていたが、まさにそんな風にも見える行動だった。でも、さやかちゃんが目的意識的にこの教師はどんな反応をするかなど人を試すとは、どうしても私には思えなかった。そして、いまにしてあれはパニックの一種なのだと思う。人好きなさやかちゃんは新しい出会いを喜ぶあまり舞い上がり、自分で自分をコントロールできない状態だったのではないだろうか。

埼玉県　石川愛子

（『増刊・人権と教育』18号、1993年5月）

〈2年生　遅滞の子の場合〉

運動会楽しかったネェ

遅滞児が普通学級で

長男純一は現在（1998年2月）満8歳で小学校2年生。京都市の療育手帳で重度の精神遅滞と判定されている子で、入学以来、学区小の普通学級に在籍している。

1　2年生に進級、担任替わる

1年生の時の担任は、普通学級で障害児を担任する点において、校内のエースであったのだと思う。入学前の就学時健診で校長に普通学級入学に難色を示され、話し合いが平行線となり年を越しても決着が着かず、「実現する会」のアドバイスで教育委員会に出向き趣意書を読み上げて、やっと普通学級をかちとった。そんな経緯があればこそ、校長はうるさい親とのいざこざを嫌い、校内のエースを担任に決めたのだと思う。その甲斐あって、純一はこの意欲も力もある担任の指導の下、クラスに溶け込み、喜んで通学した。欠席したのは風邪で2、3日だけだった。

この調子なら2年生ではもっと成長するぞと楽しみにしていたが、始業式で純一が持って帰ってきた学年だよりにはまったく知らない担任の名前があったのだ。通常1年生の担任は2年生に持ち上がりなので、とにかくびっくりした。妻は少々パニックぎみ。いろいろの情報を集約すると、どうやら、新1年生に遅滞児が一人入学し、そのクラスを受け持つことになったらしい。エースを取られてしまったということのようだ。とにかく、今度の担任がどんな先生かを知ることが大切だと考え、早速面談を申し入れた。

純一の新しい担任の先生は私たち夫婦と同年代の三〇代半ばと思われる女性。市内の別の小学校から転任してきたばかり。これまで障害児を担任したことはない。純一のことは前の担任からは少し聞いている程度とのことなので、1年生の時の連絡帳を渡して読んでもらうことにした。担任は、純一が普通学級で学ぶことについて否定的ではなく、自分なりに精一杯取組みたいとのこと。この先生ならなんとかやっていけると直感的に思った。「障害児を担任するのに経験は必要ない。必要なのは情熱だ」これが私の持論である。そういう意味で、担任は私の一次審査を難なくクリアーしたのだった。

2 初めての登校拒否

純一は担任が替わったことをどう感じたのだろうか。職員室に行けば前の担任がいるのに、教室にはいまの担任が来る。おそらく混乱しただろうが、4月中旬までは落ち着いた学校生活が続いていた。担任が替わってもクラスメートは同じなので安心できたのだろうか。しかし、4月下旬ころから、朝、学校に行くのを嫌がるようになった。「学校、お休み」と言って、布団から出て来ないのである。最初は妻が強い口調で「行きなさい」と言うと、渋々行ったのだが、ゴールデンウイーク明けにはとうとう休んでしまった。会社が休みの土曜日、教室の前まで一緒に行ったのだが、どうしてもいやがり教室に入ることが出来なかった。

2、3日休んだ頃、担任と面談した。担任は、純一が学校に来るようになるためには自分はどうしたらいいのかが分からなくて悩んでいた。1年生の時は登校拒否などなかったのを知っているので、かなり落ち込んでいる様子だった。もちろん、私にもどうしたらいいかは分からない。約1時間の面談の結論は、「お互い焦ることはない。もう少し純一の様子を見よう」ということだった。

1週間程休んだ頃、純一は自分から学校に行くようになった。理由は良く分からない。こんな時本人が何か言ってくれたらなあとつくづく思うのだが。

3 「運動会、楽しかったネェ」

2学期になり問題の運動会の季節がやってきた。何が問題かというと、1年生の時はとことん嫌がってほとんど競技には参加しなかったのだ（詳しくは、月刊『人権と教育』278号）。担任の話では、練習にはだいたい参加しているとのこと。今年は期待していいのか。いやいや、去年もたしか担任から同じようなことを聞いていたのに、あの結果だったのだから。今年は運動会に行くのをよそうかなあとも思っていた。この気持ちを分かってくれる障害児の親は多いと思う。

今年は運動会に少しでも参加してくれればと思い、純一に「運動会がんばったら、ホテルに連れていってあげる」と、運動会の練習が始まったころから何回も話しかけた。純一もその意味が分かっているようで、自分でカレンダーの目当ての日に「ホテル」と書き込んで、それを指差しては私に「9月28日、ホテル」と何回も確認した。純一のいうホテルとは、温泉旅館のことである。

純一のクラスメートが我家に遊びに来た時に、妻に「向井君が運動会でがんばったら、ホテルに連れていってくれるんだってね」と言った。何でクラスメートがそんなこと知っているのか。純一が話したのかな。そんなまさか。などと妻といろいろ話していた。後日、担任がクラスで「向井君は運動会がんばったら、ホテルに連れて行ってもらえるんだって。皆も応援してね」と話したということが分かった。その頃、妻と担任はほとんど毎日電話で話していたので、妻が無意識にそのことを話していたらしい。

純一の参加種目は、50メートル走、学年団体遊戯、障害物競走、大玉転がし（全校競技）だ。当日の朝、純一に「運動会がんばってや」と言うと、純一はカレンダーを指差して「ホテル」とニッコリとして言った。もしかしたら今日はやってくれるのではと、かすかに期待出来るものがあるように感じた。

開会式での純一はリラックスしている様子。よしよし、いいぞ。50メートル走が始まった。純一はまったく嫌がることなく担当の先生に誘導され、ピストルに合わせてスタートし、難なくゴールした。学年団体遊戯はポケットモンスター（ポケモン）の曲に合わせて踊る「目指せ！ダンスマスター」だ。曲は3曲あり結構長いのだが、最後まで楽しそうに踊った。踊りそのものも結構上手だ。ポケモンは純一が大好きなキャラクターだ。もちろん、多くの子供たちも大好きだ。担任の選曲のよさの勝利というところか。障害物競走では、なぜか突然担任が出てきて、純一と手をつないで走るということになったが、何とか終了。

去年の運動会では後半になると飽きてしまい、生徒の席から抜け出して遊具で遊んでいたので少し心配して見ていた。3年生以上による紅白選手リレーが始まると純一は、はりきって応援した。気が付くと応援リーダーになったつもりなのか、生徒席の一番前列とトラックの境目付近で「よーいドン」と言って5メートルぐらい走り、「がんばれー」とか言っている。1年生の時の担任に制止されるのも何のその。私には、純一がとても楽しい気持ちでいることがよく分かった。他の人には、それが少し、いや、かなり？　ハイになり過ぎに見えるのだろう。

こうして、楽しい運動会は終わった。帰りがけに担任が一言。「純一君がんばりましたネー。誉めてやってください。」

1年生の時の担任も「純一君どんどん成長しますネー」と話しかけてきた。感激屋の私は、「ありがとうございます」と言うのが精一杯だった。

学校から純一と一緒に帰る途中、純一が私に向かって「運動会、楽しかったネー」と言った。純一が運動会を本当に楽しんだのがよく分かり、とても嬉しかった。さらに、家に帰ってからは、すぐにカレンダーを指差し「ホテル」としっかり私に催促したのだった。次の日約束通りホテルに行った。運動会のことが嬉しくて、私も妻も上機嫌でとても楽しい旅行となった。

4　純一の生活の様子

純一の最近の生活は、起床が7時頃。小便をすまし、テレビ（おはよう朝日です）を見る。妻が「純ちゃん、パンは何」と聞くと、「マーガリン」とその日の好みを答える。食べたくない時は「パンいらんの」と言う。何年もかかって、こうしたやり取りがスムーズに進むようになった。私は7時35分に会社へ向けて家を出る。私が「行ってきまーす」と言うと、純一と妹の未来が「行ってらっしゃーい」と手を振ってくれる。

7時50分になると、純一はテレビを消し、顔を洗い、2階の自分の部屋へランドセルを取りに行き教科書類を準備し、集団登校の集合場所へ向かう。この時間帯は、未来がこの靴下は嫌とかこの髪型は嫌とか言って妻とのバトルの真最中。純一は二人を尻目に、一人でどんどんと事を進めて行く。この辺の手順は、1年生の3学期に定着した。

学校に着き教室にランドセルを置くと、担任を迎えに職員室に行く。まわりの先生にも「おはよう」と元気に挨拶するようだ。授業態度は教科や授業内容によってさまざま。まわりの子と一緒のことをしたがる性格が強いので、授業に純一なりに積極的に参加することが結構ある。

先日の参観日では、担任が「九九の暗唱言いたい人は手を上げて」と言うと、純一も「ハーイ」と手を上げた。純一は暗唱ではなく教科書を見ながらなのだが、生き生きとした様子がすばらしいと思った。プリント学習の時は、隣の子のを覗き込んで教えてもらう。内容が難しくて嫌な時などは自由帳に好きな事を書いている。

ある時期、クラスの時間割作成に凝り、2か月先の分まで書いたことがある。純一作成の時間割を見てクラスの時間割を作っていると思い込んでいる生徒もいたらしい。遠足や生活での地域探検等で校外に出る時も楽しく参加している。日直等の当番が好きだ。我家で時々、日直のせりふとその他の生徒の声を一人芝居して教えてくれるのだが、とても楽しそうだ。

学校での一番の楽しみは給食。家では好き嫌いが多くて妻を悩ませているが、給食はほとんど残すことがない。家のリビングの壁に張ってある給食の献立表を見ながら、翌日のメニューをしょっちゅう嬉しそうに教えてくれる。そういえば、先日風邪で一日学校を休んだのだが、その日の給食のメニューがボルシチだった。時々、その日のメニューを指差しては「ボルシチ」と言いながら目に涙を浮かべる。給食を一回食べられなかったことが、よほど悲しかったようだ。

給食を早く食べ終わった人は、教室の後ろで運動会の種目だったポケモンダンスを踊る時期があった。純一はこれが大好きで、いつも一番に食べ終え、踊りまくっていたそうだ。

昼休みは、電車等のおもちゃがたくさんある「特殊学級」に遊びに行くことが多い。クラスメートも数人一緒に行く。純一はただおもちゃで遊びたいので行くのだが、結果として純一が「特殊学級」と普通学級の交流を深める先導役になっているようだ。

前述の時間割だが、純一のクラスでは担任が毎日、翌日の時間割を決めている。予め教科名を記入してある磁石式のカードを黒板に張る。このカードを張るのが純一は大好きで、いつともなく純一の役割のようになっている。各生徒はそれを自分の連絡帳に書き写す。もちろん純一も。純一はこの連絡帳が好きで、家でしょっちゅう以前の分を読み返している。欠席した日の分は、隣の席の子が記入してくれたのだが、それを見ては目に涙を浮かべることが何回もある。自分で書けなかったことが悲しいらしい。

学校から帰ると、すぐにテレビゲームを始める。カーレース、戦闘機、電車運転ものが好きだ。新しいゲームを買ってから1週間位は私が我家のチャンピオンなのだが、すぐに純一のほうが上手になる。私はマニュアルを熟読してウルトラCを繰り出すが、そんなものは純一は見よう見まねであっという間にマスターしてしまう。嬉しいような悔しいような複雑な気持ちだ。プラレールという電車の線路を自分でレイアウトして遊ぶおもちゃが4歳の頃から好きで、いまでも時々している。初めの頃は、私が組み立てたもので遊んでいたが、いつしか自分でやるようになり、いまでは立体的なレイアウトを楽しんでいる。ゲームに飽きると、近所の親戚の家やクラスメートが多い公園に遊びに行く。時々、クラスメートが我家に遊びに来ることもある。

日暮れになると帰宅し、テレビを見る。ポケモンを初めとするアニメやクイズ番組が大好きだ。視聴者挑戦もの番組も好きで、自分で舞台をセッティングして、挑戦者になりきる遊びをよくしている。この辺の遊びは妹といっしょに楽しんでいる。自分が好きな番組の曜日、時刻とチャンネルを完璧に覚えていて、自分でチャンネルを選ぶ。最近は新聞のテレビ覧をチェックし、見たい番組を教えてくれる。夕食は6時頃。8時半頃から宿題。1年生の頃から継続してきたことで、かなり習慣化しているが、内容がどんどん難しくなるのでたいへんだ。純一が泣いてしまうこともあるが、妻は決して妥協しない。勉強が出来るようになることだけが目的ではない。毎日勉強する習慣を身につけることが大切だと思っている。

宿題の内容は他の子と同じだが、自分たちなりに取り組んでいる。国語の本読みと九九は毎日宿題が出る。たとえば、九九の宿題は2桁の数字に慣れるのが目的ぐらいに考えている。こうした日々の積み重ねがあればこそ、参観日での発表等につながるのだろう。9時頃大便をすませてから入浴し、9時半には歯磨きして一人で就寝する。

土曜日の午後は学区内にあるスイミングスクールに通う。もう丸2年続いている。35段階のレベルのうちの12段階まで進み、現在クロールの息継ぎに挑戦中。技術はさておき、保育園以外の場で集団行動に慣れるようにと思って始めたのだが、こんなに続けられるとは思ってもいなかった。本人も好きなようだし、学校以外での友達ができたら嬉しいし、運動不足解消のためにも今後も続けたい。

日曜日は私と純一と未来とで遊ぶことが多い。JRに乗って高槻市まで行ったり、京都地下鉄に乗ったりする。電車の最前列で運転手や前の景色を見るのが好きだ。琵琶湖畔の大きな公園、動物園、スーパーのゲーム場、ボーリング場にも行く。冬場以外は家族4人で車で日帰り出来る距離の公園や遊園地にもよく出かける。ある時期、自転車を乗り回すのに凝ったことがあった。家から4キロ位のところにある動物園、山科区中を乗り回したり、峠を越えて5キロ先の大津市まで行ったこともある。半日ぐらい自転車を乗り回すのだから、行動範囲の広い小学2年生と言えるだろう。もっとも、最近は寒さのせいか自転車にはまったく乗らなくなってしまったが。また、自転車で学区内を走っていると、「向井くーん」と声をかけてくれる子が多い。純一は結構人気者かも？　先日、初めてクラスメートの誕生会に招待された。とても楽しかったようで、その家の近くを通ると「○○君、お誕生日おめでとう」を連発する。

＊

純一という「重度の精神遅滞児」と呼ばれる子の普通学級や家庭での生活をかいま見ることができただろうか。純一が地域や学区小の普通学級に根づいた生活を送っていることと、日々の生活の積み重ねにより少しずつ生活力を身につけている様子がお分かりいただけたら幸い。養護学校や特殊学級に通っていたら、こんなに楽しい生活は送れないだろうと思う。

　現在の日本では、障害者本人も家族にも厳しい現実があることは事実だ。私も障害児の父親として9年近く生きてきたわけだが、最初の頃は落ち込むことが多かった。純一や家族の将来を思うと不安になった。また、どちらかといえば仕事人間だったので、障害児を抱えることは仕事にマイナスになるという思いもあった。しかし、最近では悪いことばかりでもないと思えるようになってきた。純一のいる我家は楽しい。親子のふれあいが多いし、夫婦の会話も多いので、なんとなく充実感のようなものがある。純一がいなかったら気づかなかったことかもしれない。

京都府　向井克典

（増刊『人権と教育』28号、1998年5月）

つかずはなれずインクルージョン

〈3年生　ADHDの子の場合〉

受け持ちの3年生のクラス、ADHD（注意欠陥・多動性障害）を抱える隆君がいた。隆君は音に強い関心を持っていた。ピアノやギターといった楽器のそれではなく、物が落ちたときや、物がぶつかったときに出る音に関心を向けたのである。男子用の便器を指先でたたいていたこともある。その乾いた音が特別の響きをもって迫るのかもしれない。

1年生の頃、学校の行き帰り、電信柱を右手の指の背ではげしくたたいて回り、そのせいで皮がむけてぼろぼろになったこともあったという。

1　友だちとの約束

先日、手洗い場が水びたしになっていたので、隆君をふくむ数人にぞうきんがけを頼んだ。

ところが隆君のほうはぞうきんがけそっちのけで、4つほど出してあったバケツを交互にたたくのに夢中になっていた。音に耳を傾けている姿が可愛く感じられた。

図工の時間に作った紙ねんどのペンギンをこわしてしまったこともあった。手のひらに入るくらいの、ちいさなちいさなペンギンだった。図書室から動物図鑑を借りてきて、一カ月半近くかけて作ったものである。そのいきさつはこうだった。

ある朝、顔を合わせるや、隆君が「ペンギン落としたらどうなる」と聞いてくる。質問の意味がわからないまま、「パカッと割れちゃうよ」と答えると、「アハッハッハ」と笑う。

その翌日も、「落としたらパカッと割れちゃう?」とたずねてきた。割ってみたいのかな、まさかあんなに努力して作ったものを割ってみたいと思うはずがない。そう思い返して、「そうだよ。割ってみる?」とあえて挑発してみたところ、「いやだ」という。やはり、そうだよな、あんなに熱心に作ったものを壊すわけないよなと内心ほっとした。

ところが数日後、隆君はペンギンの置物を割ってしまったのだ。

食事中、床にスプーンを落としていたこともあった。「それをやっちゃ、だめだよ」と注意したところ、「音がおもしろい」からと答える。毎日のようにそれをくりかえすのだった。

ところが、ある日、突然、それをやめてしまった。なごみさんと、「スプーンを落とすのは3回まで」と約束したからだという。お母さんですら抑えられなかったことを、なごみさんがなんなくやってしまったのである。

なごみさんは、休み時間、隆君を遊びに誘ったり、授業中、隆君がボーッとしていると、サッとそばにやってきて、授業への参加をうながすなど、なにくれと世話をしてくれた。干渉しすぎて、隆君から「そばにこないでよ」と言われたこともあったらしい。

「スプーンを落とすのは3回まで」。なごみさんのほうから持ち出した約束である。その理由をたずねると、「だって、1回で終わりといってもやめないから」と、なごみさんが話してくれた。そのことばにハッとさせられた。巧みなしつけは、しつけられる側に立ったときにのみ功を奏するものなのだ。なごみさんは、隆君とのつきあいを通して、そんな知恵を直観的に会得したのだろう。

隆君にしたって、なごみさんと交わした約束をたがえてはいけないと思ったにちがいない。そこに好意の芽ばえのようなものもあったかもしれないが、それについては推測の域をでない。それはともかく、友だちとの約束をたがえないようにしようとしたことが、衝動をコントロールすることにもなったことに注目したい。

2　みんなにまざって発言を

2学期の初め、『ミリ、センチ、メートル、キロメートル』という長さの授業を行なった。その第一部で、

「1メートルは何センチメートルになりますか。

ア　1m＝10cm

イ　1m＝20cm

ウ　1m＝100cm

エ　1m＝1000cm

オ　そのほかの考え

みんなで話し合ってから、先生に1メートルのものさしを見せてもらいましょう」

という問題をだしたときのことである。

ほとんどの子がウと予想したが、隆君一人がアと予想。理由発表では、少数意見を尊重する意味で、少数の子から発表することになっている。でも隆君は手を挙げなかった。ところがウの子が発表し終わった後、「隆君の意見が聞きたいな」と、こころみに水を向けてみた。ふだんはそんなふうに発言を促すことはしないのだが、隆君になんらかの確たる考えがあるのか知りたかったのである。

「1cmは10mmだから、アかもしれないです」と隆君は答えた。

「おおっー、すごい。拍手」。思わず、そう叫んでしまった。「隆君、かわったね」。まず、1、2年生のときと同じクラスだった子どもたちがおどろいたようだ。「理由がはっきりいえるなんて、すごい」。「いつもは、『アだからです』と答えているのにね」。

隆君の話でもちきりで授業が中座してしまったが、あえてそれを制止しなかった。私も感動に包まれていたからだった。

その後、予想変更をとった。しかし、隆君は手を挙げなかった。予想を変更することを嫌っているのかもしれないと思われた。

「予想を確かめてみよう」。そう話しながら、1メートルの定規を黒板に貼り付けてから、1（センチ）、2（センチ）とめもりを子どもたちと声を合わせて数えていく。100（センチ）まで数えたところで、「負けちゃった」と、隆君がボソッとつぶやいた。この日、お母さんに「1mは100cmだった」と話したそうだ。

長さの授業の第3部で次のような問題をだしたときのことである。

「ミリメートル（mm）とセンチメートル（cm）の3つの関係をまとめてみましょう。1mmはいちばん小さな長さの単位です。つぎに大きな単位はcmです。

1cm＝10mm

1m＝100cm（1m＝1000mm）

それでは、1キロメートル（1km）は何メートル（m）になると思いますか。

予想

ア　1km＝10m。

イ　1km＝100m。

ウ　1km＝1000m。
エ　その他の考え。

みんなで意見をだし合いましょう。」

子どもたちの予想は、ア2人、イ10人、ウ21人、エ0人と分かれた。隆君の予想はアだった。「はじめにアの発表からどうぞ」というや、隆君が「はい」と手を挙げる。こんどは自信ありげだ。意気ごみにこたえて、まっさきに指名。「1cmは10mmだから」と、隆君がきっぱりと答える。

「1cmが10mmだから1kmも10mということですか」と問い直すと、「うん」とうなずく。一学期のころ、隆君は、理由をきかれると「ウだからです」と答えていた。このような同義反復も、概念獲得のうえで避けられないものだと考えて、あえてそれを修正させようとはしなかった。ようやくここへきて、理由らしいものがいえるようになってきたのである。ものごとには因果関係があるということが理解できるようになってきたということだろうか。

討論の後、予想変更をとると、5人がイに変えたが、隆君も、がんとして予想を変えない一人だった。その後、校庭に出てトラックの長さを測って、1kmの見当をつけたり、与野市の地図をひらいて、学区がだいたい半径1kmの円で区切られていることなども発見した。

1kmという長さがイメージできないからこそ、それぞれの体験や知恵を総動員してそのみぞを飛びこそうと必死になったのだろう。隆君もその一人だった。そんな意欲をみせたのも、みんなといっしょに学びたいという気持ちを、クラスの子どもたちがしっかり受けとめているからでもあろう。それがあるから、隆君もクラスに居場所をみいだせるにちがいない。

3 討論に耳をかたむけて

隆君は、たし算やひき算の概念は理解している。しかし、そのやり方は「数えたし」といわれるものである。いわゆる「順序数の加法」といわれるものだ。たとえば、かりに7たす6だと、6本目の指からはじめて「8、9、……13」と順番に数を加えていく。ひき算はこのぎゃくで、たとえばかりに7ひく6だと、7本目の指から「1、……6」と一つずつ引いていくのである。

整数は、基本的には「個物の集合を表す」と同時に順番を表すのにも使われる。ところが「数えたし」のやり方では、この順序数としての面が強調されるので、9ひく8という計算もいちいち指を使わないと答えがでてこない。しかし、そうはいっても、いまのところ、このやり方を直す自信が私にはない。へたに直すと混乱するおそれも考えられるからである。

かけ算はどうか。2年生で九九のかけ算を習い、3年生では、2けたの数×1けたの数から3けたの数×2けたの数までをとりあげる。わり算が「全体の量」から「1あたりの量」を求めるのにたいし、かけ算は「1あたりの量」から「全体の量」を求めるものである。

九九を覚えられない子もけっこう多い。隆君もその一人だが、このほうは九九の表をつかえばすむことなので心配はしていない。九九の暗唱は歌詞を覚えるのと同じなので、それが覚えられないからといって、九九の原理が理解できていないと決めつけることはできない。

3年生のかけ算で使ったのが『キャベツ畑でかけ算ごっこ』という自作の授業プリント。なおちなみに、1学期は、「第1部　アオムシは大食い（1けたの数のかけざん）」と「第2部　サナギからチョウへ（2けたの数×1けたの数）」をこころみた。

「1あたりの量」から「全体の量」を求めるというかけ算の考え方をタイル図で表しながら、それと筆算の仕方を対応させることにページを割いた（タイルとは、十進数のしくみを量としてとらえさせるために、遠山啓らによって考案された教具のこと）。

隆君は、これまでタイルやタイル図をじゅうぶん使いこなしてこなかったので、とまどいながらの学習だった。この時点では、隆君はかけ算の原理をつかんではいなかったようだ。

2学期は、「第3部　あやうしアオムシ（3けたの数×1けたの数）」をこころみた。ねらいを、くりあがりのあるなしにかかわらず正確に筆算ができることにおいた。

私なりの工夫は、まんぜんと筆算に向かわせるのではなく、教師がやり方を教える前に、子どもたちにそのやり方を予想させることだった。もちろん、「それぞれ勝手に予想しなさい」という投げやりなものではなくて、「こんなやり方も考えられるけど、どうかな」といったふうに選択肢を問題のなかに組みこんでみた。全員が予想をもって授業に向かうので、教師が一方的に教えこむのでは得られない、自分なりの発見も可能になるだろうと考えてのことである。

さて、筆算から文章題へすすんだところで、いまも忘れられないのは、初めのほうで絵を見て式を立てさせる問題をとりあげたときのこと。なんと隆君が筋道だてて発言したのである。その問題とは、1箱450円のクレヨンの箱がたて7列に積みかさねられている絵を見て、7箱ぜんぶの値段をもとめる式を考えるものだ。

「あなたはどの式がただしいと予想しますか。

ア　7円×450

イ　450円×5

ウ　450円×7

エ　7円×460

オ　その他」

隆君もふくめてみんなウを選んだ。予想が同じだから、意見も同じかというとそうではない。説明の仕方は千差万別。ひとりひとりわかり方がちがうということなのだろう。箱の数に目をつけるか、それとも値段に目をつけるかで説明の仕方も微妙にちがってくるのである。

博君　アはさかさまになっている。イは、はこの数が2つ少ない。エは450円なのに7円となっているし、はこの数も7はこなのに460となっているからちがう。

さおりさん　アは、お金の数とはこの数が反対になっている。イは450円があっているけど、

5はこじゃなくて7はこ。エは450円なのに7円となっている。

美穂さん　アとエは1はこ450円なのに7円になっているからちがう。イは、はこの数がちがうからウが合っている。

直樹君　アは、はこの数が多すぎる。イはクレヨンのはこが2つたりない。エは1はこ450円なのに、7円になっているから。

なごみさん　クレヨンは7はこで、1はこ450円だから。

ひさしぶりに22人もの子が発言したので、その雰囲気で隆君も発言するかもしれない。「意見がないかな」と、隆君に声をかけてみた。すると、隆君が席を立ち「クレヨンは7はこで、450円だから」と発言。そんなふうに事柄を整理して話すとは予想もしていなかった。「隆君、ちゃんとしたことをいうじゃないか。すごいぞ」。まわりからも拍手がひろがった。

それは1回きりのことではなかった。その翌日、絵の問題のつづきを取り上げたときのこと。問題文には、1さつ980円の本が6冊描かれていて、

「あなたはどの式が正しいと予想しますか。

ア　980円×6

イ　980円×5

ウ　6円×980

エ　7円×980

オ その他　」

という問題である。

隆君もふくめてみんなアと予想。意見発表では、隆君が「本９８０円のが６さつで５８８０円」とすすんで発言したのである。

私も子どもたちも予期せぬ発言にビックリ。教室が一瞬しずまり返ってしまった。「隆君、いいぞ」。私がほめても、みんなが拍手をおくっても、実に、隆君は淡々としていた。

そんなふうにきちんとした発言をできるようになったのはなぜだろう。おそらく、隆君は、友だちの表現と自分の表現とのちがいについてそれなりに意識させられたにちがいない。友だちを鏡として自分の考えを見つめ直すなかで、発言の仕方を豊かに育んできたのだろう。そう私は考えてみた。

この授業にたいする子どもたちの評価は、32人中、「たいへん楽しかった」30人、「楽しかった」２人と、大好評だった。筆算の予想をたてることが歓迎されたのだった。隆君の感想も「たいへん楽しかった」というものだった。

数日後、隆君のお母さんからこんなエピソードを聞いた。1年生のとき買った筆箱をお母さんに差し出し、「これ、いくらだっけ？」とたずねた。お母さんは、どれくらいかけ算をマスターしたか確かめるよい機会だと考えて、「９８０円したのよ。これが10個あったら、いくらぐらいになるかな？」とぎゃくに聞き返した。すると、「1万円ぐらい」という答えが返ってきたそうだ。

お母さんは半信半疑で「じゃあ、170円のえんぴつセットが5箱だといくらになる?」と、さらにたずねる。「170円×5」という答えが返ってくる。お母さんは、おどろくやら嬉しいやら。「授業によほどひきつけられたのか、それで頭にはいるのだと実感しました」。

そんなふうに、お母さんと交換している「隆君日記」に書かれていた。隆君は、みんなといっしょに楽しく意見を言い合うなかで、かけ算の概念を獲得していったのだろう。

3学期になって、お母さんをおどろかせることが起きた。隆君が帰宅後、「遊びたいから電話して」といいだしたのである。お母さんも大喜び。家に遊びに来たなごみさんや、さおりさんたちに相談を持ちかけた。

「男の子たちも誘って」。お母さんから言われて、なごみさんたちが考えたのが、名刺くばり作戦だった。名刺を書いたのも彼女たちだ。使命感からというよりも、遊び感覚で作戦をたてたのだろう。なんとも子どもらしくてほほえましいではないか。

それから数日後、ふだんいっしょに遊ばない男子たちが、隆君の家を訪ねるようになったのである。そんなこんなでテレビゲーム一辺倒だった隆君の遊びも、輪ゴムてっぽうを作って遊ぶなど、どんどん変わっていったのだった。

埼玉県　山田英造

（増刊『人権と教育』32号、2000年5月）

パニックと登校拒否をこえたT君

〈3年生　情緒障害の子の場合〉

1　パニックにおちいったT君

今から3年前、当時2年生だったT君が、校内で話題になり始めたのは、運動会も終わった10月の中頃だった。

1学期は、隣の子に話しかけて応じてくれないと、相手の消しゴムをとったり、鉛筆をとったりする程度だったという。それが、運動会の練習が始まったころから、同様なことをきっかけに机をけったり、下じきを丸めて女の子をぶったり、さらには髪の毛をつかんで引きまわそうとするようになってきた。対象となったのは、女の子や、わりとおとなしい男の子に限られていたようである。やり返されるとますます興奮して、他の子にやつあたり。初めは、担任（女性）に注意されるとやめたが、だんだんにその制止もきかなくなった。抱きしめて行動を抑えると、涙を流して激昂し、手をふり切って教室の机をことごとくけり倒す。手にさわるものは、教科書、ノート、ふで入れ、お道具箱、ランドセルなど、すべて放り投げてしまう。「死んでやる」と叫んで2階のベランダに走り寄るのを、かろうじてとり押さえるということもあった。そんな時は、担任だけでは力負けするというので、両隣りの教師がいそいでかけつけたりもした。

興奮状態がようやく収まると、本人はぐったりとなり、その場に座りこんで動かなくなってしまう。目の下には、くっきりと隈がうかびあがってみえる。「Tちゃん、Tちゃん」と呼びかけてみても、体をゆり動かしてみてもぜんぜん反応せず、そのままの状態で数時間がすぎることもままあった。

しだいに会話もできるようになって、まわりの惨憺たる様子にも気付き、自分がやったことだと知らされた時、T君自身が驚くということに、逆に教師のほうが驚かされた。パニック状態に陥ってから、会話ができるようになるまでの間のことは何もおぼえていないのだ。そのため、パニックの後、教師や親に「どうしてこんなことしたんだ」と、毎回問いただされたようだが、本人にも説明できなかった。

このような学校内での出来事は、T君のご両親にとっては信じがたいことであった。そのため、パニックの後の教室をわざわざ見せて、ようやく納得してもらうという場面もあったようだが、原因といったものは思いあたらない。病気ではないかと考えられたご両親にしたがってT君は、近くの病院で精密検査を受けた。その結果、脳波に異常が認められ、「側頭葉てんかん、精神運動発作をともなう」と診断された。そのための投薬も始まった。ところが、後にこれは誤診であったことがわかるのだ。病院の資料を小児保健センターに持ちこみ、あらためての精査をお願いしたところ、脳波に異常は認められず、問題となるものはないということになった。この間の投薬は、いったい何だったのか。だが、T君は病気でないことだけははっきりした。

2　T君のプロフィール

そのT君を3年生から担任することになった。担任と決まったその日、前年度からの引きつぎを受け、ついでお母さんとも会った。また、T君の家族にごく近い方の話も伺うことができた。それらをまとめてみると、T君ならびに彼をとりまく家庭環境は次のようになる。

T君の家族は、ご両親と、T君が1年生になってからいっしょに住むようになったおばあちゃん（父親の母）、中学生のお兄ちゃん、そしてT君の5人。両親はともに公務員である。共働きのため、小学校に入ってからのT君の世話はもっぱらおばあちゃんにまかされ、自宅に仕事を持ち帰ってまでやっているお母さんの影はどうもうすいようだ。T君にとって母親像がはっきりしていないのではないかという。このおばあちゃんについては、T君が登校しないため、自宅に伺った時、いきなり「子どもだって、学校に行きたくない時だってあるワイね」といわれて驚いた記憶がある。

また、父親と母親との間がずいぶん以前からスムースではなく、そのせいもあってか、お母さんの関心が外にむいていたのだったかもしれない。T君への対応も、両親の間で考え方が違い、それにおばあちゃんも加わり、三者三様であるとも聞いた。たとえば、T君が何かを買ってほしいといった場合、3人のうちひとりが「ダメ」といっても、誰かしらが彼の欲求を満たしてしまう。そのため、T君としては、そのときどきの欲求を抑制する場面などほとんどないままに過ごしてきており、それが当然とも思っていたのだ。小学校1年生のときには、登校時、玄関に座って足をつき出せば誰かしらくつ下をはかせ、くつをはかせてくれた。うしろに両手をさし出すと、ランドセルが肩にかけられた。3年生になっても、大便をした後、自分で始末することなく、お尻をつき出せばふいてもらえるのだった。ところが、これらのことは自宅に限られていたという。外に出れば、それなりに約束事があるということは知っていたようで、親戚に遊びに行ったりすると、すべて自分でやっていたのだ。

T君本人に関しては、遊びにしろ、どこかへ行くにしろ、やり始めれば乗ってやるが、やり始めるまではいつまでも煮えきらず、態度がはっきりしない、神経質な面がみられるということだった。

そして、実際に担任してみて、これらにつけ加えることがあるとすれば、知的な面での遅れはみられないということであろう。

3　課題は見えてきたが

以上のような話から、私なりに次のような課題を設定してみた。

一　家庭でのT君への対応の統一。とくに母親の位置、役割の鮮明化。

二　家庭内での約束事を、社会的な約束事に調和させたかたちで身につけさせること。

三　気分転換をどうスムースに行うか快気分を継続させながら次の行動へ移行させること。

一、二番目の課題は、T君が3年生になるにあたって、彼の養育に専念するため、お母さんが仕事を辞められたことで、解決へのきざしが見えはじめていた。常に家にいることで、お母さんの発言力が増し、T君への対応ももっぱらお母さんによるところとなったのである。

こうして、かなり構えて始業式をむかえることになったが、その日、私の過剰な意気込みと対照的に、T君はにこやかに半日をすごして帰っていった。後ではそんなことはあまりないが、この時に関しては、よくしゃべる子だなという印象が残っている。帰りの会で、連絡を黒板に書いて説明するたびに、「わかった、わかった、つぎ、つぎ」といって先をうながす。11時を過ぎると、「もう帰っていい？」を連発。2年生の時、一斉授業が困難になった頃から、彼が2時間で帰されていたこととの後遺症か。

その夜、お母さんに聞いたところでは、朝、本人は学校に行く、行かないで悩んだ末、何かをふっきるように「ボク、行く」といって家を出たとのことだった。これまでの経緯から、お母さんとしては心配で、矢もたてもたまらず家と学校を何回も往復した由。その気持ちは、察するに余りあるものがあった。

家に帰ったT君は、「ボク、先生が好きになりそう」といったと聞き、ひとりほくそ笑みながらも、このまま終わるとも思えなかった。それは2日後にやってきた。

お母さんからの連絡で、学校に行きたくないといっているので休ませますというのだ。前日に出した宿題、3年生になっての目標が書けず、昨夜から気にしていて、朝からぐずっていたとのこと。クラスを自習にして出かけていき、お母さんとも今後の打ち合わせをし、本人にも、宿題はできなくてもいいから学校に来ることを約束させた（これ以降、とくに一学期の間は、ほとんど毎日お母さんと連絡をとりあうことになる）。しかし、その日夕方、おばあちゃんが、いっしょにファミコンをやってくれないことに怒り、植木鉢を二つ割り、叱られるとより以上に興奮して、庭先の畑のなかをクツ下のままで歩き、その足で家に入り、ゴミ入れをひっくり返したりしていた。お母さんにやつ当たりしたりして、収まるまでに1時間もかかったという。

翌土曜日は、元気に学校ですごすことができたが、月曜日があぶないなと思われた。

案の定、月曜日の朝会時、T君の姿が見えない。急いで電話してみると、今朝七時すぎに起きたが、食事もとらず行きたくないといっているという。しかも、電話のそばにいて、お母さんが私に連絡するのを阻んでいるというのだ。行きたくない理由は、この日から始まる給食を食べたくない、食べないとみんなに笑われるというものだった。お母さんの言葉でいえば、「

がんとして行きたくないといっている」のだった。

T君の2年生の状態に、ここにきて変化がみられるようになったのだ。これまで学校以外ではあまり見ることのなかったパニックが家庭でも起きるようになり、学校に対しては登校拒否というかたちで現れてきたのである。

わがままいっぱいに育ったT君が、制約の多い学校でパニックに陥ったように、お母さんによる規制が加わったことで、家庭でもパニックが始まったということであろうか。これが3年生の始まりであった。

4 失敗と成功と

始業式から9日目の4月16日、朝、お母さんより私の自宅に電話があり、「今日は行かない」と言っているとのこと。理由は、通学班がいつもより十分早く歩き始めたことのようだ。普段は、T君がまっ先に集合場所に行ってみんなを待っている。全員が集まったところで歩きだすのが、今日は、T君がまだ行っていないのに歩き始めた。それが彼のせいじゃないと話しても受け付けず、学校に行かないと言っているのだった。

通勤の途中、T君宅に寄った。おばあちゃんが庭で洗濯物を干している。そのそばでお母さんとT君がサッカーをして遊んでいた。お母さんが私を見つけ、「今日、行くそうです」と声をかけてくれた。そのつもりで自転車を降りた私が、T君に話しかけようとすると、彼は「今日、2時間」という。彼としては2時間で帰るつもりだったのだが、とっさのことで私は、「エッ、2時間?」と応えてしまっていた。T君の顔からスーッと表情が消え、「ボク、行かない」というや、家のなかにかけこんでしまった。追いかけたお母さんが抱きかかえるようにして玄関までつれてきたが、目を閉じたまま、手にさわるものは引っぱる、放り投げる、「はなせよー」の連発。お母さんの手からのがれようと必死の様相、どうにも手に負えない。

そのままの状態で私に手わたされたが、私としても初めて出くわす場面でもあり、思いめぐらす間もなく、勢いにまかせて、T君を抱きあげ、学校への道を歩きはじめた。お母さんが私の自転車をひいて後についてきてくれた。途中、「はなせよー」「帰るー」を連呼しながら私をぶつ。顔の真正面から何回もパンチをくらった。髪の毛も何回も引っぱられた。だが、同じ思いをした同僚から聞かされていた、頭の皮がはがされるような強い力というのではなく、加減されているようにも思えた。

重いのと、体全体を使って抵抗しているのとで、腕が萎えてくるのが感じられた。何回も抱きなおしてきたが、やはり500メートルは長く、校庭に入ったとたんにへタリこんでしまう。お母さんに手伝ってもらってようやく昇降口へ。

そのまま教室につれて行くのもどうかと思い、以前そうだったように、保健室で落ち着くのをまった。かわるがわる声をかける同僚教師たちの声が聞こえているのかどうか、あいかわらず手あたりしだいものを放り投げようとし、「もう帰る、お母さんに電話して」と叫びつづける。「もう2時間いたんだからいいだろう」と抑えている手をふり払い、外にとび出そうとする。このままではT君を学校に連れてきた意味がない。どうなるかわからないが、とにかく教室へ入れることにした。

教室前の廊下で、いやがる彼を抱きしめながら、「T君、君はもう3年生なんだよ。2年生のときとはちがうんだよ。お母さんは、今日はむかえにこないよ」と、何度もくり返して聞かせた。すると彼の体から力がぬけ、自分の席に座らせると、動かなくなってしまった。

そのままの状態で、四時間目、給食とすぎて、午後の休み時間。友だちみんなが校庭へ遊びにいってしまった頃、ようやくT君に反応がみられるようになった。しばらく様子をみていたが、そのうち、ゆっくりと廊下に出ていった。「外に遊びに行ってもいいけど、帰っちゃだめだよ」と声をかけ、うつむいてしまったT君の手をとり、一方的に指きりをした。すると、彼はまたじっと動かなくなってしまった。

帰ろうとしていたのが、指切りをしたことで、どうしていいかわからないといったふうである。だが、しばらくすると、また、ゆっくりと昇降口の方向にむかって歩きはじめた。

外に出たT君は、やはり、ゆっくりと自宅に近い北門の方にむかっていた。

このまま帰したのでは明日につながらない。何とかしなくてはと考え、とりあえず、T君ともっとも親しい男の子に、彼といっしょに遊んでくれるように頼んだ。しばらくためらっていたT君も遊びはじめ、二人は、休み時間も、つづいてのそうじの時間もサッカーをして遊んでいた。T君にも笑顔が見え始めていたが、もう一度彼を教室につれ戻すのはむつかしそうだ。そこで、来ないならこっちからいけばいいと考え、クラスのみんなでドッジボールをすることにした。とおくのほうでながめていたT君も、みんなが楽しそうにやりはじめると、だんだん近くに寄ってきて、いつの間にか参加していた。ボクにあててごらんとばかりに両手を後ろに組んで、コートのなかを走りまわっている。

5時間目のチャイムと同時に、「終わりー、みんな教室に戻るよ」というと、みんなの気分のつたわりからか、T君もみんなといっしょに教室に戻ってきた。帰りの会のあと、T君に、「今日はがんばったね。明日もがんばろうね」と話すと、ニヤニヤしながら、いつもは「さようなら」の声と同時に教室をとび出していたのが、めずらしく水そうのフナにえさをやったり、「これは何? フナなの」と聞いたりしながら帰っていった。

後の手立ても考えないままに、勢いにまかせてT君を学校につれてきてしまったが、T君の笑顔が見られたことで、私もようやくほっとしたのである。

5　朝のサッカーが気分を変えた

朝起きてから登校するまでの時間のすごし方に問題が集中しているように思い、お母さんと相談のうえ、これまでの起床時間7時を30分早めてもらうことにした。登校までの時間にゆとりを持ち、その間、体を動かしたりして気持ちを落ち着かせ、登校をスムースにしようというのだ。T君はサッカーが好きなので、当面、その辺りから始めてもらうようお願いもした。

初めは、起こすことじたいたいへんだったようだが、お母さんの機転で、ふざけあいながら起きるようにもなった。その後は、庭でお母さんを相手にサッカー。快い朝をすごした日は、元気よく登校できた。始めて数日後、T君は自分で起きだし、すすんでサッカーをするようになった。

《4月22日、曇

6時15分、自分から起きて仕度もする。6時25分、自転車でボールをもち、「サッカーをやりに学校まで行ってくる」といって出かけるが、すぐもどってトイレ。

「体そうをしてからやるよ」といいながら、体を横にしたり、準備運動のまねごとをして、また外へ出る。学校へ。

兄にちょっと様子をみてくるようにいう。シュートの練習をしたようだ。

7時まえに、兄と一緒にもどって食事をする。

「今日、5時間目になにするかというとね、あしたの遠足の話し合いだよ」といいながら時間割をみている。》（お母さんの日記より）

この日記をみて、思わず「やったーッ」と叫んでしまったものだが、T君の朝の気分をそう快なものにするという試みは、まだ緒についたばかりだった。まだまだ、きっかけさえあれば「ボク、行かない」といいだすのだ。夜、テレビを見たいために宿題をやらず、朝になって思い出したとか、大切にしていたシールが朝になってみつからない。図工で使うあき缶がランドセルに入らない。急に納豆が食べたいといいだし、ないといわれると「ボク、行かない」。さまざまな理由をあげてぐずりはじめる。そのため、朝のサッカーにいたりつかないこともあったが、こうしてぐずった後、やや落ち着いてからお母さんがサッカーにさそうと、また学校に行く気になるらしく、1時間、2時間と遅れて登校することもあった。

サッカーにあきてきた頃には、ラジオ体操へと関心が向けられ、6時半のラジオに合わせてふとんの上で体操をやっていた。また、お母さんが、近所を一周するマラソンにT君をさそったり、そろそろあきてきたなと思われる頃には、別に関心を持ちそうなことをさせるようにしてきた。夏が近づくと、一度お母さんとクワガタとりにいって一匹見つけたことから、朝、自分で起きて、ひとりでクワガタをとりにいくこともあった。クワガタを見つけられなかったときでも、元気に登校できた。ただ天敵は気象条件だ。雨の日は外で体を動かすことができない。そのため、「ボク、行かない」ということもあった。とくに寒い季節に入ると、朝起きられなくなり、登校できない日が増えもしたが、室内での遊びなどでなんとかしのいできた。

このような朝の気分転換への努力とともに、お母さんがいつも家にいることで、T君の生活に、しだいに変化が見られるようになった。T君への対応が、以前のような三者三様ではなく、お母さんに一本化されてきたことで、家庭内の約束事の基準も、お母さんを中心に示されるようになったのだ。以前は、見たいテレビがあるときは、宿題そっちのけでテレビを見、そのことが登校拒否の理由にもなったりした。それが、テレビを見る前に済ませるようにもなってきた。

しかし、いったん身につけた約束事を、一挙に変えることはできない。そこには妥協もあったりして、スローペースですすめられるしかなかった。T君が、家で大便の始末ができるようになったのも、「今日はお母さんの番、明日はボクの番」と、ゲームのようにして、すこしずつお母さんの番を減らしていくことでできるようになった。このことだけをとってみても、一年間かかっている。3年時には28日欠席したT君が、4年時には、たった4日しか休まなかったのも、こうしたお母さんの地道な努力に負っているように思う。

私はといえば、せいぜい親しい友だちがたったひとりしかいなかったT君のために、学級の班活動を家に帰ってからも行う場面を作り、友だちの広がりをつくりだすようにすることだけだった。

神奈川県　佐藤哲郎

（『増刊・人権と教育』11号、1989年11月）

〈3年生　難聴の子の場合〉

私のオドロキを分ちたくて

普通学級で難聴児を担任した一年間

1　左の耳に補聴器をつけた転入生

私が難聴児ナオさんと出会ったのは、3年生の2学期に転校してきたときだった。大阪から埼玉への転校、それは、どんなに心細かったことだろう。ナオさんは大阪の難聴学級併設の小学校へバスや電車を使って通学していた。そこで、仲のよい二人の難聴児と結束し、お互いをかばいあって生活していたそうだ。その友だちとも離れて私の学級へ転校してきたのだったから。

さらに担任になった私は、耳が聞こえないという意味を少しも理解していなかったし、むしろ、補聴器をつけているのだから普通に聞こえているのだと思い込んでいたのだった。だから、一人でがんばるしかなかったのだ。

ナオさんは、実に人の表情をよく見ている子どもだ、と初日に直感したものである。

ナオさんは就学前に大阪の聾学校の幼稚部に通い、ことばの発音訓練などをうけた。しかし、ことばの学習は思うようにはかどらずに学校外の研究室に母子ともに通い、就学前教育を開拓してきたのだった。それは、「堀田式ウエハーメソッド」というもので、「聴覚障害児に日本語を言葉として正しく理解させるための『あいうえお』の五十音図表」と書かれた図解説明などを見せていただいたりもしたのだった。また、「子どもたちは耳だけでは殆ど母音や子音の弁別は不可能なので明瞭な言葉がでません。それで図表のように唇や上顎の調音部位にウエハーをつけて、それぞれの言葉の出る場所を正しく理解させます」と、この図表の著作者である堀田勝俊氏は説明していた。

ナオさんのお母さんは、「この堀田先生という人は、耳の聞こえない子どもたちのために研究を続けていて、発音するときの息の流れを細かく調べるために自分の健康な前歯を抜いてしまったんですよ」と話してくれた。

こんな具合に家庭訪問をすることによって、難聴児が普通学級で支障なく学ぶためには、就学前教育が、お母さんの手による努力によってかなりの部分なされてきたことがわかったのだった。

この家庭訪問のあと、私が教室でこころがけたことといえば、ナオさんのほうをまっすぐに向いて語りかけること（特に大きな口の形などつくる必要はない）、座席を前から2番目に移したことだけであった。なぜ、1番前でなく2番目かといえばナオさんが私の口の動きを見るために顔をぐうっと上に向けなければならないからだった。

ナオさんは耳が聞こえないがたくましい子

ナオさんはとなりの子となにやらしゃべったり、窓からぽかんと外を眺めたりほかの子どもより気ままである。ちがっていることといったら「ナオさん、ナオさん」と注意したくて5回くらい呼んでも気がつかないこともあることだろう。本人が夢中になっていることがあったりすると頭などをちょんとつつかなければ、大声で呼んでもだめだということもわかってきた。ついつい聞こえているような気がして呼んでしまうのだった。私の呼んだ声が補聴器を通して音として届いたとしても、相当に注意深く神経を集中させていなければ反応できにくいものなのかもしれない、とも考えた。

ナオさんは耳が聞こえないからだろう、友だちの意見に耳を傾けるといった経験がないらしい。1クラス42人の教室では、なかなかそんな場面は作り出せない。授業中発言する友だちのほうを振り返ったりするが読唇という方法で正確な意見など呑み込むことはなかなか困難にちがいない。そんなことの解決策の手助けになればと思い、私は、「普通学級における難聴児の理解と指導――はじめて難聴児を受け持たれた学級担任の先生のために」というパンフレットを読んでみた。ナオさんを思い浮かべながら読んだが難聴児としてのナオさんの性格が、何にも負けていないで積極的・行動的で明るいことがあらためてプラスであることが分かったのだ。授業中も「はい、はい」と手を挙げ、前へ出て計算問題を解いたり、国語の教科書も大きな声で読んだりする。落ち着いて読めば五十音もみんなに分かるように正しく聞こえる。休み時間にはよく遊びけんかもよくする。嫌がらせをされると倍にしてやりっかえしている。仕返しをするどころか、とても挑戦的なのである。難聴という障害のある子どもの場合、このたくましいほどの性格こそプラスに評価されなければならないことがよく理解できたのだった。

また、「コミュニケーションの工夫と努力」という項目で「…自分の聞こえ方が普通とくらべてちがうということをはっきりと自覚できない結果、常に情報の受け入れはごく大ざっぱであいまいなものとなり、生活全体が受け身になり緻密さにかけたものになったりすることが多い」と書かれてあるのを読み、まさにその通りだと痛切に感じないわけにはいかなかった。けれど、ナオさんはけっして受け身ではないことも、確かめられた。

ナオさんの発音の仕方には、難聴児特有のものがある。そのことばに笑ったり、真似したりとトラブルも多くなった。けんかっ早いところも反発をかい、苦情のような声が頻繁に聞かれるようになった。「先生は耳が悪いからって、甘すぎる」、「あいつが悪いのにオレを怒ったじゃないか」という具合に。耳が聞こえないということの意味が私にわからなかった以上に、子どもたちにはなおさら分かっていないのは当たり前だった。

ヒロくんなどは、後ろ向きのナオさんに大声で怒鳴って文句をいっていた。さて、この子どもたちに、どんなふうにナオさんの耳つまり難聴についての話をすることがよかったのか。そのこともだんだんと学んでいった。

篠崎恵昭先生の教えも……

それは、「普通の人が耳のなかにろうそくのろうを詰めて、親指でぎゅうっと押さえたときの状態だ」ということだ。(実は篠崎先生には同年齢の難聴障害のあるご子息があって、さまざまに研究しておられた) ナオさんの軽いほうの耳ですらそんな状態だったのだ。

私たちの普通の健康な耳のはたらきから言えば、健全な聴力というのは0から20dB、軽度難聴というのは30dB以下、中等度難聴というのは30から50dB、強度難聴とは50から90dBをいうこともわかり、ナオさんの耳は強度難聴ということもつかむことができたのだった。そしてよく言われる聾とは90dB以上をいうが、ごくわずかであるとも、いないのではないか、とさえ言われることもわかってきた。

2 よく喧嘩になるナオさん

強度難聴という耳の障害がありながら元気なナオさんはだれよりも活発になんでもやりとげようとする強さをもっていた。「わかった、わかった」とほんとうに分かったようにふるまうので、そのつもりでいると、とんでもない、とんちんかんなことをときおりやらかしてくれる。そして、またまた子ども同士のぶつかり合いが起きる。そういえば、転校してきて1月あまり、男の子との喧嘩がひんぱんに起こった。廊下を走り回って取っ組み合いの騒ぎになり、大泣きをする。階段に座り込み泣き続け、職員室へ駆け込んできては泣き、いつも、大元の原因はナオさんにあった。

《9月9日（土）、私の出勤前、Kくんと大げんかをしたと聞いた。Y先生に〃すごい泣き方をする子ね、あなたも大変ね〃と言われた。水泳記録会にすすんででた。補聴器をはずしてもなんら支障はなかった。》

《9月12日、ナオさんがHくんに耳をたたかれ出血騒ぎ。けんかのくやしさも手伝ってものすごい泣き声をするので何事が起きたかと思ったほど。母親に連絡を入れ、対処を伺う（大宮聾学校の幼稚部に妹が通っていたのでそこにいた母親と連絡をとる）よくあることです、妹とけんかをしていても耳から出血しますからという調子。ほっとした》

《9月16日、朝、Y先生がナオさんて子はなにもしていない子をいきなりたたいたりするみたいよ、と話しかけてくる。1学年上の小柄な女の子のことをいきなりぶったのだそうだ。よくそういう訴えがあるがいまだ理由がつかめない。幾日か前にも、帰り道（下校途中）に傘の先でTさんを突いたのだそうだ。保健室のM先生に聞かされ、驚いた。体重測定のときに赤くあとが残っていたので発覚した。友だちに乱暴をしないようによく話して聞かせよう。いや、

書いてやったほうがいいかもしれない、母親にも相談しよう》

以上は、「学級のできごと」という私が自分のためにつけている日記からの抜き書きである。このような子ども同士のけんかをみて、それがナオさんの子どもらしい性格からくるところなのか、それとも耳が不自由なために起こる不安定さからくるものなのか、よくつかめずに、かっかとなって私も大声を出して「こらっ、なにやってんだ」と叱ったものだ。ナオさんは泣きながらいろいろと訴えるが、興奮しているときにはしゃべっている中身がわかりづらくつかみとれない。相手からも事情を聞くと、ナオさんのがわにも問題がおおいにありそうだ。いきなりたたいてくるというのは思いちがい、勘ちがいのすえにすぐに叩いてしまう結果を生むらしい。バシッと叩けば、手っ取り早い解決になりそうだがナオさんのがわの一方的な終わり方なのではないか。叩かれたがわは気がすむはずもないではないか。こういうもめ事が転校してきてたびたびあったがそれがナオさん特有の性格からくるものなのか、難聴児特有の性格からなのか、と、頭をひねっていたが、軽々しく難聴児特有の・・・などと決めつけてはいけない理由もわかってくるのだった。

3　難聴学級に通う

ナオさんは週1回、難聴学級へ通うことになった。それも、1日ではなく午後の1時間ほどを「ことば・きこえの教室」に。通級には父親が付き添い、車で20~30分かけて通った。転校してきてすぐに、母親が教育委員会に希望を出していたのだったが、50日を費やして入級が実現した。この間、私がしたことと言えば、「児童調査書」というものに学級のコミュニケーションの状況欄があり、記入しただけだった。こんな回り道もあったがナオさんは私のクラスに在籍して、学校生活の殆どを普通学級で過ごすことになったのだった。その後、ナオさんは木曜日になると、給食をあわただしく済ませて午後の1時間を「ことば・きこえの教室」に通うのだった。そして数週間が過ぎた頃、難聴学級の方から、こんなおさそいがあった。個人面談形式のことばのテストがあるとのこと。そして、「ナオさんにいちばん適した補聴器の着用をすすめたり、その購入の手続きを紹介したりなど、そんな仕事が主になります、学習活動などはそちらの普通学級が主体になりますのでよろしく」とのことだった。

補聴器は、難聴児にとって体の一部、なくてはならないもの、補聴器を取り替えることで音の入り方が確かなものになったりなどするので、慎重さを必要とする。逆にあわなくて着けることをいやがる子どもも多いと聞いた。私にはそういう配慮はまったくできなかったのでほっとした。それ以上に難聴学級のほうでもナオさんのことを考えながら、さまざまなことをすすめていることをその電話で初めて実感したのだった。

つまずきのようすがわかる

難聴学級の方の学習はお母さんの話に寄れば、絵を見させて、その絵とあう文章を考えさせたりその文章が書けるかをたしかめたりするのだそうだ。やはりことばの学習のてさぐりなのだろう。そしていよいよ、ナオさんの個人面談テストの日がきた。11月29日はナオさんも朝から難聴学級のほうへ行き、私も初めての難聴学級見学の、一日がかりの出張となった。

聴力の損失程度などの具体的データを手にしながらナオさんの個人診断（障害の診断）が始められた。指導者に小川仁先生（東京学芸大）が招かれていた。その小川先生とナオさんとが向かい合い、母学級である私のクラスで学んでいた国語の教科書を用いて、どの程度までことばを獲得しているのかを診断することから始まった。就学時健康診断のときの聴力検査、オージオメータなどの機械による検査などとは全く違っていた。ナオさんのこれからの教育にどのようなことを取り入れていくべきか、導入させるべきかをも見通し考えていくものとなった。

たとえば、はさみなどさまざまな絵を見せて、小川先生の口元に注目させて、「紙を切るときにつかうものはなんですか」とゆっくり言うと、ナオさんはすばやくはさみの絵を指さす。実に早い。パッとすぐに指さすことができる。そのつぎにこの質問文を同じように言ってごらんなさい」といい、あらためてその質問文をゆっくり読むと「紙を切るものはなんですか」ととしかいえなかったりするのである。「字を書くときに使うものはなんですか」とたずねられると、同じようにすばやく鉛筆の絵を指さすことができるが質問文を繰り返すとなると、「しょうがく・・・」（字をかく）と言ってしまったり、書いてしまったりするのだった。そのことによって、ナオさんにとってもまた文章の意味内容がばらばらにくずれてしまい、さっぱり分からなくなるような場面も見た。

小川先生は「たまごとたばこの音の区別はずっとつかないでしょうね。しかし文章全体のなかで、会話なら会話全体の関連でつかみとることはできますからね。それこそが大切ですよ」と強調された。そう言われれば思い当たることばかりである。ナオさんが人の話を最後まで聞かずに自分流に分かったことばのいくつかを組み合わせて「わかった、わかった」というふうなことですませていたとすれば、行き違いやあやまりも多いのが当たり前ではなかったか。そう言えばこんなことがあったなあと思い当たった。

「ナオさんはしつこいよ。今日は遊べないよっていっているのに、うんわかったっていってうちにきちゃうんだよ。それであがってきちゃうからうちのおかあさん、おどろいていたよ。あたしはそろばんにいかなくちゃならないしさあ」

Kさんの深刻な訴えだった。そんなことがよくあると、いやがられる結果になる。「ナオさんは遊びたくてしようがないんだねえ」ではすまされなくなる。遊べない、遊ばないと言われたことを、遊ぶ約束をしたと思いこむ勝手さは自分だけのことばのつなぎ止め、了解のみで行動してきた結果なのである。けんかの行き違いもこのあたりに多く原因がありはしないか。いったいどうすれば正確な会話というか、最後まで間違わずに取り違えずに聞けるか、こそ課題であろう。

ナオさんの耳に届く音

さて、この診断のあとの話し合いでさまざまな意見や考えが出された。ナオさんの場合、口型でことばのほとんどを判読していることが指摘された。耳を使っていないともいうのだった。「補聴器をつけていてもあまり役にたっていないね」とも小川先生は指摘した。ナオさんが補聴器さえつけていれば私たちの会話する声や身の回りの音があたりまえに普通にそのままの音として耳に届いているように私たちも自分ペースで思い違いをしていたことになる。これはたいへんな思い違いだった。そう言えば、ナオさんは教室で「やかましい」と大きな声で言い、耳をふさぐ仕草をしていやな顔をする事があったが、あれは40人の喧噪が補聴器を通してナオさんの耳に響きすぎたときだったのだろう。また、ナオさんのその声があまりに大きく、よく通る声の質も重なって響きすぎて近くの子どもたちに耳をふさがせた。（ナオさんは偉く大きな笑い声だったりすっとんきょうな声だったり、いきなりの声だったりすることがあった。それが大きくけたたましく感じられる場面があるのだ。自分の声の大きさに無自覚、無感覚なのだろう、周りを脅かすつもりなんてなくたって、突然に唐突にだされるからだろう）

ナオさんの耳には、補聴器を通してラジオの雑音のような音が入っていくだけだったのだ。あるときにはキーンという金属音だけかもしれなかったし、ある時には、ごく小さな雑音だったのだ。ひょっとしたら数倍の声になるだろう。その騒音にナオさんは負けてしまわなかったのだ。混ざっていたのだ、とも考え直される思いだった。

「例えばね、和田ナオコさんと呼んだとするでしょう、それがワ…オ…コ（かなり低い声と機械的な発音の仕方でそう言われた）しか届いていなかったとすれば、どう?…?…」と、小川先生は指摘された。「外国に一人置き去りにされたようなもので、大人だってまいってしまう」と続けた。教室の中でナオさんは明るくたくましい。何も、理解してやれない担任のもとでくじけたようすも見せずによくがんばったと、つくづく思い知らされたものだった。そして、初めてナオさんの具体的な日頃の努力がつかめたように思えた。友だちとのトラブルの中で自分を鍛えているようなナオさんはえらい、と。

ナオさんの作文にみる

翌年にも、小川仁先生の講演から学ばせていただく機会はあった。ナオさんに即して言えば、「難聴児の国語力」という点で、ことばを整えて人に伝えることが苦手だということにつながる。つまり整合文「お医者さんが馬に注射をする」ということ。不整合文「お医者さんが船に注射をする」という場合の間違いがわからない場合が多いというのだ。「男の子が飛行機をとばす」、と「花が飛行機をとばす」とのちがいなども、自覚できにくいというのだ。耳が不自由だということは論理的思考の成長をだいぶ妨げるということだろう。耳からの情報が大脳をひんぱんに刺激し鍛えるから分かること、分からないことが絶えず頭に届くから、判断力もできあがっていくのに違いない。その点、ナオさんのばあい、静寂がおおいのだろう。言語コミュニケーションの大切さが改めてとらえかえされ、授業に生かさなければならないところに立ち返らされるのだった。

ナオさんはみんなと同じように文や日記を書くようになった。作文はいやだということだったが、みんなが書いたあとで楽しそうに発表したりするものだから、同じようにやってみようと思ったのにちがいない。

「けんかのこと　そとでMさんとSさんがテヘン・ケラー（ナオさんにはこうきこえたのだろう）といいました。そして、わたしが「ばっ」とつよい力でぶった。きょうしつにかえったらMさんとSさんが「バカ」ときらいと　いわれたら、けんかになりました。私が泣いてしまいました。いま、ゴム（ごむだんのこと）をやるときに「なかよくしようね」といいながらなかよくしました。それで、わたしはMさんもあそびたいとおもっていました。はじめはくやしいでした。それでわたしはMさんもあそびたいとおもっていました。はじめはくやしいでした。いまはうれしいです。」

こんなふうに書いてとてもうれしそうなナオさんだ。構文上の間違いがなんだ、と思うほど、よく気持ちが通じた。なんともぎすぎすした心が書けないような文章になるのは、どうしようもないのだ。難聴児の特徴だといってみても、一般化してもいけない。一生懸命に書くことを訓練して単語の数を増やして文章を学んでいる難聴の大人の人だっているのにちがいない。

また、こんな日記も書いてきた。

「私はちいさいとき、耳がきこえました。そして6さいになったらびょうきになって耳がきこなくなりました。

それで1年になって1年5組のところへいきました。大和先生　男です。おわったら1年1組へかえりました。4月8日になったら、2年1組になりました。

石田先生は、2年1組です。女

白山先生は、2年5組です。男

べんきょうはむずかしいと思いました。おわったら2年1組へかえりました。それから、4月7日なったら3年になりました。

高木先生女です。

白山先生男です。なつやすみになったら、あさひにしょうがっこうへいきました。」

私はこの作文を読んで、おどろいてナオさんにきいたことがある。

「6歳まで、耳がきこえていたの」ナオさんは「うん、ほんとだよお」っとわらっている。

そして、「ちいさいこ、いじめてからわるくなってしまったの」いっそう驚いてしまってお母さんにこの作文を読んでもらった。

「きっと、補聴器を通してそれまで入っていた音が何かの拍子にプツンとなくなってしまったのとちがいますか」ということだった。この作文から、担任が二人いたということ、難聴学級と普通学級を行き来していたことを言おうとしているのだろうが、他人とのかかわりが一つも具体的に書かれず、ナオさんにとって、心の奥にのこるような会話、言語コミュニケーションによるやりとりなどの体験の欠落がはっきりと読みとれたのだった。

転校してきたいま、ナオさんは分からないことがあると、「もういっぺんいって」などといったり、「わからないよ、書いて」などといえるようになった。

4 身ぶりが自然にことばになって

「ことば・きこえの教室」への出張以来、小川仁先生の助言を教室の中に生かそうと考えた。そして、3年生の3学期、給食時の「いただきます」をする前にことばの勉強としてこんなことを始めたのだった。なぜ、給食時間か。ナオさんと私との間でさえ、じっくりと向かい合う時間はとれない。子ども同士の間ではなおとれない。わかるまで話すということなどないに等しい。子どもたちの忙しく動き回る生活のなかでは相手にしていられない場面をおくみかけた。そこでこんなふうにはじめた。体育授業などの反省をふまえて「体育の授業のときに縄跳びをしっかりれんしゅうしましょう」とある子どもが言う。ナオさんの方を向いてゆっくりと話をする。一回でわからないときには「なに？」と人差し指をあごにあててわからないことを表明したり、「もういっぺんいって」といったりする。ナオさんは一斉授業のなかで私の口元を実によく見ていた。だから私のことばを素早く読みとるようになってきている。これがヒント、きっと広げられると思うようになったのだ。友だち同士のコミュニケーションも少しずつでも確かな手応えのあるものにしようとこころがけた。それは正確につかみ取ることを覚える以外にない。その練習時間というわけだ。そんなに性急に私はなにも望んだわけではないが、ナオさんはうれしそうに、しかも、集中した態度でどの友だちのことば（お話）もよく聞くようになった。なおさんが2回目、3回目でも分からないときには、私が黒板に書くのだが、つまずいたことばをさししめすと、指と指とでパチッとならす仕草で得意げに「わかった」とふだんより大きい声でいい、あらためて発表するのだった。

〃ナオ語〃を読みとる

ナオさんもこの短い時間を大切にするようになった。必ず、まちがえたときにははじめから言い直して自分の力でたしかめるようになっていった。ナオさんが言い終わると拍手もするようになっていった。ナオさん特有のアクセントも含めてナオさんの読唇の力をさしてナオ語というようになった。ナオ語、すげえ、というわけだ。活発な男の子も、耳をぎゅっとふさいでなにか言ってよ、という。私はよーしといいながら声を出さずに「落ち着いて給食を食べよう」などと思いついたままをいうと、わからないという。ナオさんはすぐに言いあてた。子どもたちはクイズの答えを手にしたときのように、「ナオって、すげえな」ということになる。

こんなことばの勉強を取り入れたとしても、日常の生活の中では「待ってて」と「行ってて」を聞き違えて、さっさと音楽室へいってしまったり、忙しい。

そんな教室だからこそ、1対1のこのことばの勉強の時間は大切になった。クラスぜんたいのものになっていったのだ。ナオさんも集中したし、周りがシーンとしていても廊下を通る足音などは、ナオさんの補聴器にかなりうるさく騒音となって、届いているらしい。そとの道路の車の音もうるさく、補聴器はあまり役立っていないことは分かってきた。人の耳のはたらきは、聞こうと思わなければ聞こえてこない、ただの音にすぎない。大きな音がばんばん入ってきたり、小さなささやくような声でも聞き取ったり、優れた機能をもっているのに、ナオさんにはそういう精密な耳のはたらきが欠けているのだ。だから、ナオさんは読唇を極める以外に道なしとも思ってきたのだった。がしかし、ナオさんは手を大きくふりつつ怒って、不満を訴えにきたりする。

身振りゆたかなことば

そうなのだ、「バアンて、ぶったんだよ」とぶたれたようすをリアルに伝えるときに叩いて表現したり、「大きいねえ」と手を頭の上に上げたりする身振りがことばをふくらませているではないか。ナオさんがいちばんすなおにそうしているではないか。そうだ、これをもう一歩先へすすめて手話を取り入れようと考えた。もちろん反対の意見もお母さんから聞かされたが教室の豊かなやりとりのために、コミュニケーションの活性化のために手話を少しずつ取り入れていくことが必要なのだと話し合った。子どもたちに手話ということばのあることも知らせること、ナオさんのためばかりでなく、みんなの中でなんらかの役に立って行くだろう、と。手話の初歩である身振りことばは毎日使っていたのだったから。さようならもおなかいっぱいもみんなが経験していたからいちばん自然で楽なことばにつながった。

5 音声言語の大切さ

日常の学校生活ではみんなと同じに行動し、問題も見えにくいが、しかしふと、授業中にナオさんの教科書に目をやるとみんなと違うページをあけてぽかんとしていたりすることはしばしばだった。やっぱり聞こえていないのだ。ふだんの一斉授業の会話が聞こえていないということなど積み重なれば大きな問題になった。手話通訳を授業に保障するというまでには頭も働かなかった。私の身振りと手話の初歩が少しの手助けになったとは思うが、解決には結びつかない。気がつけば、ナオさんはあだ名を呼ばない。いろんな友だちがあだ名で親しまれていることや、そのことがしぜんな会話のなかにあふれていることをしらないのだ。同じようなことで難聴者には冗談が通じないとよく言われるのだ。

いたずらということば

ナオさんが友だちのかばんをかくしてしまった。困り果ててお母さんに相談した。あとでわかったことだがナオさんにとってのいたずらはただ一つ、家のタンスにマジックで描いたいたずらがきだけだったということなのだった。「いたずらはしてないよオ」と口をとんがらせて言うのだったが、つまり、あれもこれもいたずらという、ことばの一般化になかなか結びつかないということがいろいろなことでわかったのだ。あらためて、耳からの情報摂取ができにくいことの意味を考えさせられたことだった。

ナオさんが乗り越えてきたこと—たてぶえ（リコーダ）を吹いた

「そっと息を吹き込むんだよ」この教え方が、効を奏したことである。音楽専科のK先生は「運指○音色Δ」という評価だった。確かにピーピーとただ高い音、聞いていられない。それでも、ナオさんは楽しそうに吹く。そっとそっと息を吹き込むことさえ分かればリズムは体をたたいてやればいい、そう直感した。そしてナオさんのてのひらにそっと息をふきかけるようにした。手の甲に、腕に、トウートウー・・・とやさしく吹きかけた。私もリコーダが大好きなので、やさしい音色を聞かせた。ナオさんはよく見ていた。そして、なんどもナオさんの音を聞くようにした。周りの子どもたちも吹いた、吹いた。いっしょになって吹いた、吹いた。息を吹きかけて怒っているMちゃんがいた。私そっくりにナオさんの音をうるさがるようにして、でも、息をてのひらに吹き吹き、教えていた。そんな中で確実に分かっていった。ナオさんは、家でもどんどん吹いた吹いた。他の子も興味のある子は年中吹くようになるのだ。学校の行き帰りだって吹いている子どもたちもよくみかけるではないか。一つのことができるようになることはうれしくて楽しくてしかたがないことなのだった。ナオさんは、家にあるおもちゃのたいこやラッパやオルガンまでたたいたり吹いたりと、興味は広がっていった。そんなふうにナオさんは、自分の力にかえていった。歌も一本調子ではあっても、歌った。やはり歌う声がけたたましいほどにうるさいこともあったが、「お寺の和尚さんがカボチャのたねを蒔きました…」など身振りを入れて歌う楽しさを取り上げてしまうことはいけないから、みまもった。

そう言えば、「難聴者に歌はいらない」とか、音楽は無縁のように決めつけたやり方はどんなに難聴者を社会から切り離し孤立させるか、つまり、人と人とのつきあいなどさせないための言動だとあらためて気づかされた時でもあった。

つまり、統合教育やインクルージョンに必要なことは、共に生きること、人の力を借りて生きていく源を培うこと、そのとっかかりをつくることではないのか、そこのところの大切さがありはしないか。

はじまりはなんでもいい、自分のやりたいことを友だちの中で見つけだせる力を培うこと、失敗しつつやってみることではないだろうか。担任の少しの工夫で楽しみを見つけだし、共に歩むことは出来そうだという、手応えをうけとめたのだった。最初から、地域から切り離して、別の学校、個別の教育でということより、子ども時代を楽しい子どもたちとのコミュニケーションづくりに主眼を置く力が、難聴児ナオさんの場合にも、生きる力に変わったといえるだろう。障害を優先させて障害児だけを集めて何ができるだろうか。個別に一人にして何かを教えようということでなく子どもたちの力を借りて生きるということではないか。やがて、人の力を借りて生きていくときにも、それは大きく役立つに違いない。難聴児の場合のこのあり方、「通級指導教室」（ことば・きこえの教室）のような方式もつくりあげていくのはどうだろうか。あらゆる障害児教育を地元地域の小学校で、という展望にも通じるにちがいない。

埼玉県　野村みどり

（『ひと』、太郎次郎社、1980年2、3月号）

〈4年生　遅滞・肢体不自由の子の場合〉

翔子スマイル健在

4年生でかわったなァー

翔子（知的・身体ともに重度の障害をもち、生活すべてに介助が必要です）は、元気に普通小学校4年生を勤めあげようとしています。4月からは、いよいよ高学年、新校舎の1階に教室もかわります。先日の校長先生と担任との話合いでは、校長先生から「新校舎にもスロープをつけて欲しいと教育委員会にはたのんであります。何も翔子ちゃんだけのためではなく、いまは誰にでも使える施設にしなければだめなのですから」との話がありました。私にとっては、感無量。いままでのいろいろなことがサーッと蘇ってきました。

1　翔子が流れを変えた

4年前、翔子の入学が決まり、学校の施設改善（2箇所にスロープ、和式トイレの一つを

介助員に支えられて組体操を

洋式に換える、翔子が使える机を1台購入）の予算を取るために、茎崎町議会で当時の町長が、「知能程度ゼロ、機能程度ゼロのお子さん」のために、しかたなく使うといった答弁がありました。その発言に対しては抗議文を出しましたが、当時の助役は、私に「こんなに大変な子だから、やってあげなければならないんだ、と議員たちに理解してもらい、スムーズに補正予算案を成立させるための発言であり、決して翔子を侮辱したのでない」と弁解したのでした。たった4年前のできごとです。「たった一人のわがままのために、町の少ない財源の一部がとられてしまう」と考える人々の存在を、圧力を感じ、身が震える思いがしました。障害が重く、助けを常に必要としているような子は、「おきのどく」「かわいそう」といった哀れみの対象であり、決して「権利を主張」するなどはもってのほか、というのが本音（誰の？）なのでしょう。

そして、校長先生の先日の発言。何がどう変ったのでしょうか。たしかに発言している人が違うのですから、比べる訳ではありません。でも私自身が感じる空気は、居心地のいいほうに変っていました。4年前とは世の中の流れが変ったのでしょうか。この間に「バリアフリー法」ができたことも、大人たちの意識を変えた要因になっているでしょう。でもでも、何と言っても言われようとも、翔子が毎日学校に通ってこつこつと築いてきた道が、空気を変えたのだと、親ばかの私は思うのです。

振り返ると、私とボランティアとで翔子の介助を必死で担ってきた1年生から3年生1学期、ようやく週3日のみ町教育委員会が介助員を手配するようになった3年生2学期から現在まで、時間数は当初に比べ減りはしたものの、ずっと私が翔子の学校での介助に関わってきました。

はじめから断固として「親は介助せず」の姿勢をとれず、生ぬるい姿勢でいい子になって学校に全面的に協力しながら、徐々に徐々に介助保障を実現させる方向にもっていきました。生ぬるい姿勢のおかげで、道のりはまだまだ険しく、全日保障（宿泊、校外学習も含めて）には至っていないまま、5年生を迎えてしまいます。親の付き添いが、とかく問題になりますが、私も当然親が学校での介助を担うことはとんでもない話だと思っています。それならなぜ未だにに付き添いをゼロにできないのか、と言われてしまいますよね。それは、私自身の性格にも原因もあるでしょうが、地域の人々の意識にも大きな原因があるのです。あるなどとはっきりと断言することはできませんが、少なくともここ（私たちの住む地域）にはあるのです。4年前の当時の町長発言を知れば、うなずいて下さる方も多いのではないでしょうか。言い訳と思われてもしかたがありませんが、「親が付き添うべきではない」の主張は「身勝手以外の何ものでもない」のが現実でした。それでも、でしたと過去形になっているのは、かめの歩みではありますが、「義務教育でありながら親がこんなにまで負担を強いられるのはおかしい」と感じてくださる方も増え、何より私自身が担任の先生にそのことをはっきり言えるようになったのです。そんなことすら4年もかかるなんて鈍感な、鈍い親です。

2　介助者を学校に位置づけることが大切

介助の問題は、やり方・介助者の質・担任との連携などなど、改善していかなければならないことが山積みです。翔子のように障害が重いと、この介助者に学校生活がゆだねられてしまうのですから、なおさらのこと私のなかでは、介助者の問題が常に悩みの種となっています。担任の先生も当然翔子にとって大きな影響力を持っていますが、翔子の手となり足となる介助者はとてつもなく重要な存在なのです。誰でもいいという訳にはいかないのです。にもかかわらず、教育委員会や学校は「子守り」くらいにしか意識していないのではないでしょうか。子どもの教育機関に直接介入することになる介助者（たとえ障害児にしかかかわらないとしても、そんな割り切れるものではなく、障害児とのかかわりを周りの子どもたちが見ているといった影響力も忘れてならない問題です）は、れっきとした教育者なのです。「先生」と他の子どもたちに呼ばれ、先生方がきちんと存在の意味を理解し尊重しなければ、いつまでたっても介助者の助けを得て学校にいる障害児は「お客様」から抜け出せないと思うのです。

茎崎町は、一足先に介助員制度を導入した竜ヶ崎市に習って、NPO法人の「たすけあいネット」に翔子の介助を委託しました。そこはヘルパー派遣を主にした事業所です。ですから、翔子には週3日、1日2交代制（午前・午後）で多いときには6人の介助者に支えてもらっています。週の残り2ないし3日は私と2～3人のボランティアで相変わらず介助をしています。ですから、介助が無償ボランティアか有償ボランティアかの違いだけで、「学校側のスタッフの一員」ではなく、先生との距離はしっかりあるのです。NPOの介助員の方々も始め自分たちのことを子どもたちから「おばさん」と呼んでもらっていいといわれ、私が「きちんと其々の名前を呼んでもらいたいので、先生から指導して欲しい」と頼みました。先生方もNPOの方々も私がなぜそんなことにこだわっているのかピンとこない様子でした。「子守り」なんだとつくづく感じてしまったのです。

インクルージョンを具体化するためには、必要な援助（翔子にとっては介助者）を供給する職種をしっかり学校現場で位置付けることが、重要なポイントになると考えます。あくまでも学校側のスタッフとして子どもの教育に携わるという、「あたりまえ」のことが障害児に対してはないがしろにされかねないのです。介助員の話が長くなってしまいましたが、翔子の学校生活には欠かせない問題なのであえて書かせていただきました。「介助者」がいるだけマシだ、といったレベルではインクルージョンは進まないと思うのであえて。

翔子はというと、めまぐるしく変わる介助者をてこずらせながら、「翔子ちゃんは、周りの雰囲気が敏感にわかってびっくりです」とうならせたり、周りのクラスメートが翔子に冷たいと憤慨してもらったりと、マイペースで元気に学校生活をたんたんと真面目に送っています。

ここ1週間クラス23人中10名前後が風邪で休んでいるにも関わらず、熱もださずに学校に通っています。そんな翔子に、算数だけクラスに教えに来ているティームティーチングのN先生は、「翔子は日々元気！」とうれしそうな優しい笑顔で声をかけて下さいました。算数となると決まって泣き出す翔子に、「いいんだよ。元気がなにより」と受け止めていてくださることがどんなにうれしいことか知れません。

体育はサッカーをいまやっています。パスの練習では車椅子にのったまま、翔子はボールを足にはさんで移動し、相手にわたします。それも始めは手にボールを持たせてやったのですが、周りの女の子がサッカーだから足で翔子ちゃんもやったらと言うことでひと工夫できました。試合では、はじめ「翔子は見学か」といった空気が流れたのですが、先生から「翔子ちゃんはどうやればいいかなあ？　先生頭固くて思いつかないけどみんななら思いつくでしょ。」と声がかかり、「いままで『ボールゲーム』は、介助さんに立たせてもらってやってたから、そうすれば」とすぐさま答えが出てきました。その日見学していたとなりのクラスのAさんは、「翔子ちゃんだってやりたいよねえ」と参加を応援してくれました。介助する方はかなり体力が必要ですが、翔子はニコニコが止まらないといった様子で、大声だしてはしゃいでいました。

立つこと（介助が必要ですが）は、翔子にとってとても必要なことで、小学校に入ってから立位台を作り教室に置いて使っています。また、介助者に支えてもらって立つ時に翔子は足が交差してしまうのですが、あし首を固定する装具も作り、利用しています。それもこれも「いかに今の教室の学習に翔子が参加し易くなり、しかも翔子にとっての学習が進むか」の視点から作られています。「こんな道具があれば、もっと楽しく、能動的に参加できるのでは」と思いつく物がたくさんあります。しかし、そんな視点で翔子の学習の援助の仕方を考えてくれる教育者はどこにいますか、どこにもいません。いまはすべて私が考え、訓練の先生に相談し、作ってもらえる所に頼むのです。

でも、「どんなにいま必要」とこちらが思っても、相談する相手には、いとも簡単に「難しい」と断られてしまいます。確かに「難しい注文」かもしれません。たとえば、学校の校庭で翔子が立ったまま移動できる立位装置…あれば活動内容の幅がぐんとひろがります。いつも車椅子では、視点も決まってしまいます。立ったままなら、ボールも投げ易くなるでしょう。インクルージョンには、そんなハード面のコーディネーターも必要だと思います。

3　特別ではなく普通だからこそ

今年は学校全体で、合唱に力を注いでいました。音楽大好きな翔子にとっては、大歓迎です。その集大成ということで、2月に音楽発表会が体育館でありました。親たちも大勢聞きにきました。日々の練習では、クラスのみんながいい声がでるようになると、決まって翔子も「ああー、あー」と大きな声が出るというのです。翔子の声がみんなのできばえのバロメーターになっていると。当日は、最前列の真ん中で「いかにも歌っている」ように、音楽に合わせて頭を上げて大きく口をあけていました。いかにもではなく、歌っていたのです。「すごい！」とまたまた親ばかは、感激です。「他学年の発表の時もとても楽しそうに聞いていましたよ。」と介助員の方から報告を受けました。

4年生ともなると、「言葉」でのコミュニケーションがすべてといってもいいほど、お互いが言葉での会話で絆をもっているようです。翔子は、言葉を発することはできませんから、どうしても仲間の輪からはずれてしまいます。友だち関係も大人からみたら「翔子は一人ぼっち。だれも関わろうとしない」状態です。今までの介助（母親がいまだに介助に入っている。介助者がおばさん的状態などなど）の弊害が、そのまま子ども同士の関係を築く弊害になってしまったのでしょう。「そこまでできなかった」というのが正直な思いですが、残念です。でもだから、普通学級にいたって「辛い」だけとは思いません。どこにいたって辛い思いはするのです。それは障害児だけの問題でもないのです。

翔子の声、笑顔、泣き顔、視線、しぐさ、いろいろな翔子を嫌がおうにも眼のあたりにしながら生活し、また低学年のうちはべたべたとくっついて遊んだ経験は、周りの子どもたちになんらかの刺激を与えているでしょう。そして、翔子は、日々の生活のなかで、辛い目にあいながらも、全身で喜びを表現し、まわりの空気を動かしているのです。そのことが何より大事なことだと思うのです。

給食は、ミルサーで再調理して食べています。1年生の当初は1食だけミルサーで作り、もう1食は家から作ってきました。それを2学期あたりから、ミルサーで2食作るようになりました。4年生になって2食では足りなくなり、カップを増やして3食となりました。また、4年生からは、翔子の給食の再調理も係りの子がすべてやってくれるようになりました。翔子の食べやすい状態をきちんと把握して、上手に作ってくれています。介助者が手伝おうとすると、「大丈夫。できるから」と拒否される始末です。

翔子も共にいる生活が「特別ではなく普通」だからこそ、生まれる何かが、形では見えないけれど、あると信じています。もしかしたら、一緒にいるからこそおこるすべてのことがらが、教育そのもののような気がしてなりません。

翔子は、泣いたりわめいたり笑ったりしながら、学校では一生懸命がんばっています。翔子スマイルいたって健在といったところです。

茨城県　菊地絵里子

（増刊『人権と教育』36号、2002年5月）

〈5年生　遅滞の子の場合〉

波瀾万丈　5年生1学期

早いもので、雅樹は5年生になりました。1年生、3年生とクラス担任が替わるたび、新しい環境に慣れるまで行動が荒れていましたが、今年もまた予想どおりでした。

1　始まって1週間で苦情のオンパレード

担任は、昨年度クラスは別でしたが4年生を受け持っており、1、3年時の担任が雅樹についての知識が皆無だったのに比べ、ある程度雅樹を知っていたので、安心していました。

それが裏目に出たのかもしれません。雅樹は4年生のときはわりと落ち着いていて乱暴もしなかったし、たぶん、「この程度なら大丈夫」と楽観的に見て、担任を引き受けたことと思うのです。後日、個別面談で「わたしの知っている雅樹君とはまるで違ってしまっています」と言われたのが何よりの証拠でしょう。

手当たり次第、物を投げたり落としたり、授業中は担任と手をつないでいないと友だちに物を投げるので目が離せず、板書もできずに授業ができない。注意されると隣の1組（雅樹は2組）の教室へ逃げ、そこでメダカの入った水槽を落として壊したこともあります。

何より困ったのは、不快なときに自然に吐いてしまうことでした。3年生のときは、口の中に指を突っ込んで無理矢理吐いていましたが、今年は「グエーッ」とこみ上げてくる音とともに吐いてしまうのです。昇降口に入る前に吐き、昇降口に入って吐き、階段の下で吐き、「まだ出すものがあるのか」と驚くほどです。通学路から校門までは元気よく歩いて行けるのですが、校門からはシュンとして口数が減り、校舎内では吐いてしまったり、危険な行動に出たりするのです。荷物を置くために一度は教室に入るものの、その後は入りたがらず、1階の職員室へ行ったり、校庭の隅にある池に亀を見に行ったりしています。

1~3年生のときには、担任を見つけると大喜びで「せんせえ」と飛びついてまとわりついていましたが、いまの担任には抱きつこうとしません。抱きついてお尻を触って叱られたからかもしれません。確かに低学年ならまだ笑って許されても、高学年では本人にやましい気持ちがなくても、好ましい行為ではないでしょう。しかし、他の女の子の体に触って不快な思いをさせたなら別ですが、先生に触るのは、親しくしたいという気持ちからではないかと思うので、もっとやわらかく注意してほしいものでした。

新学期が始まって約1週間で、担任と学年主任（1組担任）と話し合いました。とにかく授業ができないと、苦情のオンパレードです。わたしからは「緊急に補助指導員の配置を校長先生にお願いします」としか言いようがありませんでした。

2　補助指導員を要求

翌日、校長と話し合いました。今年度は、校長がかわり、前年度までの校長よりは理解を示してくださいました。教育委員会へは申請しているが、川崎市全体で希望が多いので、当面、教育ボランティアを探してみるとのことでした。3日後、早速、教育ボランティアがつきました。前の校長が話だけだったのに比べ、行動の速さに驚き、感謝です。

ボランティアは、雅樹からすると「おじいちゃん」に近い年齢ですが、元教師ということで、学習面でもよく見てくださいます。担任からは「ボランティアさんが付いてくれているときは、大人しくいい子にしています」と言われ、「任せっきりなんだな」と寂しくなりましたが、他の子に迷惑がかからなければ良しと思うことにしました。

そのボランティアも約1か月で終ってしまいました。それでなくても、5月24日の運動会、6月4～6日の自然教室を控え、準備に追われ、健常な子でもたいへんな時期です。受け持つ学級のない児童指導担当や専科の先生がかわるがわる来て、ときには校長や教頭がついたり、落ち着けないときには校長室か職員室に連れてこられたりしていたようです。

クラスの席も、いつの間にか廊下側のいちばん後ろで、隣の子の席も別の所に移動していました。その子が雅樹を嫌がったわけではないらしく、「先生がこっちへ来るように言った」といっていました。付いてくれる先生の席を確保するためかもしれませんが、これでは雅樹がこのクラスで落ち着くわけないなと思いました。相変わらず担任は付いてくれる先生にお任せ状態です。

連絡帳にしても、担任は次の日の用意などを日直の子に書かせていましたが、それでは担任からの苦情や、わたしからの返事など子ども達の目に触れてしまいます。プライバシーに関わることもあり、連絡帳は担任　保護者用を別に用意しました。

3　運動会と自然教室

運動会では、練習のときは「参加しようとしない。地面に転がって嫌がる」と言われ続けです。本番では、綱引きはいつも見ているだけだったらしいのが、綱を持って参加し、チームは勝ちました。戻ってきた子ども達が「練習ではいつも負けてたんだよ。まあちゃんもいっしょにやったから勝てたんだ」と言ってくれたことが嬉しかったです。ダンスは、担任がそばに付いていっしょに踊っていました。全員リレーは、他の子の半分の距離を学年主任と走りました。

「どうして担任の先生じゃないの？」と何人かのお母さんに聞かれました。私にも本当の理由はわかりません。女性の担任より、力のある男性の学年主任のほうがいいということかもしれません。開・閉会式には担任が付いていていました。

運動会よりたいへんな初めての「お泊り」。障害児学級在籍だと、自然教室へ向けての事前準備で、毎年箱根で2泊3日の合同林間学校があったのですが、雅樹は生まれて初めて家族と離れてのお泊りです。校長が教育委員会にはたらきかけて大学生のボランティアを例年より1名増やしてくれました。担任は、冗談か本気か「お母さんもいっしょに行きませんか」と言っていました。「親元を離れて子ども同士で共同生活をするのが、自然教室の目的ではないのでしょうか」とお断りしました。

出発の日は朝から興奮状態で、何度か吐きそうになりました。大学生が1名ついてくれましたが、大好きな校長のところへばかり行こうとしていました。帰ってから、担任に「ずっと校長先生とボランティアがつきっきりで24時間体制で面倒を見ていました」と言われました。「それで、担任のあなたは何をしてくださったんですか」と問いかける言葉をようやく抑えました。

「実現する会」に電話して山田英造さんに相談したこともありました。「雅樹君と担任との間に信頼関係ができれば、難しい問題ではない」とのアドバイスで、担任に、「雅樹との信頼関係が築けるように関わってほしい」旨手紙にし、参考に月刊『人権と教育』３４５号の山田さんのレポートや、雑誌『人権と教育』27号の「子どもの気分と統合教育」もよんでもらおうと渡しました。残念ながら担任からは「まあちゃんの場合、違うと思う」との返事でした。「おかあさん、（雅樹に対して）どうしたらいいの？」との問いには、教師としてのプロ意識を疑いたくなりました。

私は、郵便局に勤めていますが、この担任の問いは、私がお客様にたいして「お客様、この郵便物をどうしたらいいでしょう」と言っているのと同じことではないでしょうか。お客様から「この荷物、どうやって送ったらいい？」と聞かれれば、私はまず「内容はどのようなものでしょうか」と伺い、壊れやすいものならゆうパックで、貴重品なら書留にというように、お客様のニーズにあう方法をお勧めしています。担任は、雅樹のニーズより、荒れた行動をピタッと治す方法を求めているのです。それは私のはうが知りたいくらいです。気長に地道に雅樹との信頼関係を築くのが最良の方法と思うのですが、私の想いはなかなか伝わりません。

担任は一昨年1年生のLDのお子さんを受け持っていましたが、この子は2年生になるとき、障害児学級に移りました。この子のお母さんは「毎日のように、電話や呼び出しがあるのが本当に辛かった」と言っていたそうです。

4　私の失敗

私もひとつ失敗しました。雅樹は、「ことばの教室」でマッチングの学習をしています。これを応用して、クラスの子の顔と名前を覚えられないかと思い、子ども達の写真を撮らせてもらおうと思いました。肖像権にも関わる問題なので、事前に担任から子ども達に説明してもらい、強制ではないこと、保護者の許可が得られなかった子や撮られたくない子は断ってくれていいことなど話してもらいました。しかし、そこはやはり子ども、親に話している子は少なかったようです。「親がダメって言ってたから」と話してくれる子はまだよかったのです。「まあちゃんの勉強に協力するよ」と言ってくれた子ども達でしたが、保護者の一部に、「個人の写真のネガを持っていることが問題」との話が持ち上がり、挙句に「どうして障害児が普通学級にいるの?」の声も聞かれるようになりました。

過去4年間なかったことに今更ながらショックを受けました。いままでの担任はきちんと雅樹のことを子ども達に説明してくれていたからか、雅樹の行動を問題視する子は少なく、保護者からは「お母さん、頑張ってね」と励まされることが多かったので、私も甘えていたのかもしれません。いまのクラスでも「写真くらいいいわよ。うちの子はまあちゃんのこと好きよ」と言ってくださる方はいます。しかし、私立中を受験する子が大半で、勉強の邪魔になる子は排除したい保護者が多いのかもしれません。校長と相談し、ネガは校長に預け、写真の使用方法は、各保護者に配りました。7月の懇談会（校長・教頭同席）では、なぜ雅樹を普通学級に在籍させたかについて理由を説明しました。

それでも自分の子の写真を個人の学習に使われたくない方がいたようなので、この学習はあきらめ、写真は全部子ども達に返しました。私が浅はかだったとはいえ、世間の冷たさを感じました。

5　補助指導員の暴力

7月に入ってすぐ、たいへんなことがありました。今年度転校してきた男性教師ですが、もともと障害児学級に配属されることになっていました。ところが障害児学級担任や保護者の大反対で、児童指導担当になったそうです。前任校でも問題視されていたらしく、その話を聞いて、反対運動をしたそうです。現在の障害児学級はベテラン女性教師ばかりで、男性教師を欲しがっていたのに「この先生が来る位なら男性はいらない」ということでした。4月末から体調を崩して休暇をとっていましたが、6月30日に復帰し、雅樹につくことになったのです。「えっ！」と思いましたが、「ダメな教師」という噂だけで断ることもできず、雅樹には熱心に関わってくれるかもしれないと思うことにしました。

7月1日は市制記念日で学校は休み。翌日、雅樹を「わくわくプラザ」（今年度から、学童保育に代わって各校に設置）へ迎えに行ったとき、他クラスの5年生の子から「今日、まあちゃん、男の先生といっしょだったよ。手をつなごうとして腕に触っただけでバシッってはねのけられて、半泣きでかわいそうだった」と教えられました。この話だけでも不安でしたが、夜になって学校へ行ったときに雅樹を見かけたという知り合いから電話をもらいました。「先生が、雅樹君が歩こうとしないからって、お尻をたたきながら歩いてた。階段を上るときには首根っこをつかまえてたわよ。雅樹君、おびえてた感じだった。同じクラスの子が3人、かばおうとしていた。」というのです。雅樹の首筋を確かめると、小さな傷ができていました。これは明らかに暴力です。放って置くわけにはいきません。

翌3日、校長不在のため、教頭に会いました。首の傷を見せ、この教師を雅樹からはずすよう抗議しました。事実を確認してからなどと言っていましたが、目撃者が2人もおり、電話をくれた方は、名前を出してもいいと言ってくださっていたので、証人もいると話したら、「とにかく2人きりには絶対しないから」ということでこの日は帰りました。夜、担任から電話がありました。「私にはそういうふうに見えなかった」との言葉にカチンときて、「当たり前じゃないですか！先生の見ている前でやるわけないじゃないですか！」と、声を荒げてしまいました。この日は、もうひとりの児童指導担当がついたそうです。こちらの先生は昨年もときどき雅樹に付いてくれていて、雅樹もなついています。

4日夕方、校長が出張から帰ってきたので、話に行きました。本人から直接事情を聞くとは言っていましたが「申し訳ない」とその場で詫びられました。しかし後日、本人の話を聞いた結果、首根っこを押さえたことは認めたが（傷がついていたので認めざるを得ないでしょう）他のことについてはやっていないと言っていたそうです。「頑張れよ、元気出せよの意味でお尻や肩をポンポンとたたくことはあったと言っている。雅樹君はあの先生が好きだし、見かけると寄って行くんです。もう一度チャンスをくれませんか」と再び雅樹に付けたいと言われました。しかし、自分の非を認めない人間を信じることはできません。それだけは絶対嫌ですと固くお断りしました。今年度は、この教師以外にも5年担任でやる気がない、授業がわからないという問題教師がおり、2学期から教務主任が担任するそうです。新聞紙上でも7月に川崎で問題のあった教師の処分報道があり、いったいどうなってるの？　という感じです。

7日の社会科見学では、昨年の担任が雅樹に付き添ってくれました。大好きな先生がいっしょで、1日中上機嫌でとってもいい子だったそうです。教頭からその話を聞いて、「今日はN先生がいっしょですから何も心配していませんでした」と皮肉混じりに言いました。「私どももその辺を考えてN先生に行ってもらったのですよ」と言っていたのは、担任に、昨年の担任を見習うよう配慮したということでしょうか。

さて現担任は前担任のどういう点を見てくれていたでしょう、以前の話し合いでは「N先生にはN先生の、私には私のやり方がある」と言っていましたが…。校長は、わたしが担任のことで意見を言うと、「相性もありまして、なかなか」と言葉を濁しています。校長も言ってはいるのでしょうが、ベテランの先生ほど自分のやり方を変えられないようです。

川崎市では、障害児学級の枠をはずし、各校に個別指導室を設置し、配慮の必要な子に個別指導を行なう方向で進んでいるようです。早ければ2年後という噂ですが、それをどのような方向にもっていくのか、具体的にはわかりません。私の理想とする、差別のない障害児教育が進められるのか、新しい差別が持ち込まれるのか、注意して見守りたいと思います。

終業式の前日、校長から「2学期から補助指導員がつく。夏休み中に人を探すよ」と話がありました。毎日、子どもに付き添っているお母さんもいるのに、申し訳ない気持ちもあります。担任が任せきりにしないよう、気をつけていかなくてはと思っています。

神奈川県　中鉢美津子

（増刊『人権と教育』39号、2003年11月）

〈6年生　肢不自由の子の場合〉

いっしょの中でこそ学びが

車椅子の6年間

重度の脳性麻痺で手足が不自由な我が家の次女涼子が6年生になりました。10月に生まれてくるはずだった双子の涼子と陽介が、みんなを驚かせて、7月に誕生してから12回目の夏が過ぎました。

1　悩みも学びのうち――6年生になって

小学校生活も最後の年になり、1学期が終わり、楽しく盛りだくさんの夏休みも終わり、2学期を迎えたところです。

涼子も陽介も、そして6年生のみんなは、先生方から最高学年としての自覚を持って、リーダーシップを発揮するように言われ続け、何かを感じているのかいないのか、何事にも積極的で忙しい毎日を送っています。

6年生になって初めての行事は、校内そして市のブロック別のバスケットボール大会。休み時間や放課後、声を掛け合い、男の子も女の子も仲良く練習していました。車椅子の涼子にも「4時から練習だよ。校内集合」と周りの子が声を掛け、大きな声の声援で参加をしました。そして、涼子のクラスが校内で1位になり、大会へ。2週間くらいの短い期間でしたが、毎日遅くまで汗をかき頑張る中で、またクラスがまとまっていったようです。担任の先生も涼子も大会当日には声がかれているほどの熱中ぶりでした。その子供たちの頑張る姿に感動し、当日の試合会場には多くのお母様たちが応援に駆けつけました。

勝つことだけを考え、バスケットボールを得意とする子どもが数人でボールを持ってしまう学校が多いなか、練習の時「ここはあなたにまかせたからね」と責任を持たせてくれた、そのポジションの動きをひとりひとりに熱心に指導してくださった先生方のおかげで、うちの学校の子どもたちはひとりひとり輝いてみえ、応援席も盛り上がりました。

涼子の声援の声が小さいと「涼子ぼん（ニックネーム）の声が小さいと、みんなが元気良く動けないよ」と先生が声を掛けてくれ、体育の時間はひとりになることが多い涼子にとっても「クラスの一員」を意識する事ができた大会だったと思います。集団の中でみんなが重要な役割を担っているのだということを、このクラスの子供たちは、厳しい練習の中でおしえてもらえたことを、幸せなことだと思います。

そして7月、国会議事堂への社会科見学に私も同行しました。ある程度予想はしていましたが、古い建物であるにもかかわらず、そのうえ階段や段差が多いにもかかわらず、車椅子移動がほとんど不自由なくできるように工夫されていたことに、親子でびっくりしました。そしてめったに訪問することのない所で、これからの学校生活、社会生活の中で生かされるであろう多くのヒントを得られたように思います。

2 友だちといっしょの学び――小学校生活

6年生になってからの涼子の友達関係はどうかというと、女の子は小学校の高学年になると一度は通る道のようで、クラスがいくつかのグループに分かれ、くっついたり離れたり。他のグループの子とは口もきかないこともあるようです。

涼子にも「親友」ができ、毎日その子と何をするにもいっしょ。涼子は親友ができたとしばらくは大喜びで、毎日帰宅すると楽しそうに話してくれました。その子が涼子を独占するようになると、「涼子はみんなに押してもらったり、他のお友達ともお話がしたいんだけどな」と、戸惑うことも多くなりました。

ある時、校内でやってはいけないことになっているゲームを、涼子の車椅子用のトイレに隠れて数人でやっているところを友だちに見られ、かえりの会で話し合いになったこともあるようです。「やってはいけないということはわかっていても、注意をするのでなく仲間でいたいからやってしまった」と、後で泣きながら話してくれました。

担任の先生は、何か心配なこと、クラスで問題になったことがあると、クラスのみんなに一対一で話す場所を作ってくれています。涼子にも他の子に対するのと同じように向き合ってくれ、「もっと自分で考えて行動しなさい」とか「本当の友だちって何?」と投げかけてくれたようです。

また顔を見て言えない時は「あのね帳」を使って何でも話してごらんと言ってくれます。私からも、また姉の裕子からも、「けんかができるのも友だちだよね」などゆっくり時間を掛けて話しました。「涼子はいつもお友達に助けてもらっている。だからありがとうは言えても、それはいけないことだから止めようねが、言えないのかもしれないけど、それを言ってあげることがお友だちを助けることになるんだよ」と話すと、「わかったよ。本当のお友だちになれるように頑張るよ」と言えるようになり、その後も色々悩みながら、すこしずつ笑顔の多い涼子に戻っていきました。他の子どもたちと同じように、このような悩みを持つことができ、共に成長していけることは何よりの喜びです。

小学校最後の夏休みには、去年忘れられない楽しい思い出をたくさん持って帰ってきた「フレンドシップキャンプ」に今年も当たり、ボランテイアのお兄さん、お姉さんに囲まれ、また新たな経験をし、新たな友だちを作り、ひと回り大きくなって帰ってきました。

9月1日、2学期始業式、20日には小学校最後の運動会。さっそく、放送係として準備とアナウンスの練習に熱がはいっていきます。10月には日光への修学旅行もあります。3月に校長先生、学年主任の先牛と下見に行き、華厳の滝、竜頭の滝、戦場が原、東照宮と回り、車椅子では難しい所もあったのですが、校長先生が、人手があってできるところはなるべく多く見せたいと言ってくださり、一か所、一か所丁寧に見てまわってくださったので安心しました。いくつかの旅行業者のなかから、涼子のために添乗員を2名多く付けてくれるところを選んだと、校長先生からお聞きしました。5年生の赤城山林間学校の時と同じように、両親で近くの宿に泊まることになっています。涼子もいまから楽しみにしています。

修学旅行といえば、小学校生活最後のイベント。ここで小学校生活を振り返り、涼子の成長の過程を思い起こしてみたいと思います。

隣りの子と手をつないで、ちょっぴり緊張した笑顔で入学式の会場に入ってきた1年生の涼子。新しい生活に大きな期待と多少の不安を抱きながら、新しいお友だちと新しい先生に囲まれ、少しずつ色々な事を吸収していってくれました。

幼稚園のときにはなかった机の上でする「勉強」なるものが、涼子を、そして親の私を悩ませることもありました。みなと同じようにやっていきたいのに、読めない、書けない、分らない。「宿題」を自分ひとりの力でやって行きたい。でもできない。夕方悔しくて泣きだす日の多かったこと。

お友達と同じことを経験するのが楽しくて、一緒にできないことがあると、「どうして?」と先生や私を困らすこともありました。先生が大好きで、自習時間など先生がいないと不安で、呼びよせるために「トイレ」と友だちに訴えたり、泣きだしたりすることもあったようです。こんな時、先生がいなくても涼子ちゃんの回りには頼りになるお友達がたくさんいるでしょう。泣くのではなく話をすればいいのよ」少々厳しい口調で話してくれたようで、涼子には先生がじぶんを一人前の1年生としてみてくれたと映ったのでしょう。ますますよい信頼関係ができていきました。まわりの子の遊びの範囲が広がっていった時、涼子一人が取り残されることもあったようですが、先生は少し離れたところから見ていてくれ、涼子からの声かけから、また新しい友だち関係、遊びのおもいつきが生まれてくるのを見守ってくれました。

そして、涼子が他の人に手伝ってくれた時、「できないことに手を貸してもらうことは全然恥ずかしいことではないんですよ。そんな時、ありがとうが言えると相手はとっても気持ちがいいんですよ」とくり返し言ってもらったことで、いまでは「ありがとう」の一言が、とても自然にでるようになっています。涼子がお友達や先生、そして家族のことをよく見ていて(動けないので)気が付いたこと、忘れていたこと(よく話を聞いていてよく覚えています)を言ってくれると、「ありがとう」が帰ってきます。こんな関係を、本人はとても満足にしている様子です。

勉強については「本読みがとても上手になったわね。作文の中のここのところ、とても気持ちが伝わってくる表現ですね」とできることをほめてくれました。書くことは無理ですが、文字をたくさん読めるようになり、本を読むことが好きになっていき、いまでは「涼子ちゃんの趣味は？」と聞かれると「読書です」とすぐ答えています。朝食前に読書、帰宅後に読書、就寝前に読書、休日に読書というくらい本好きで自分の部屋は読み終えた本（好きな本は繰り返し読みます）で一杯です。読み終えると家族をつかまえて感想を言ったり、読書をすすめたりします。将来のゆめは「作家」だそうです。

他に好きなのは音楽で、大きな声でみなと合唱したり、できる楽器でリズムを刻んだりと、とても楽しそうに授業をうけていますと、音楽の先生がほめてくださいます。どうも頭の中の何かが違うとしか考えられない苦手な算数については、「お母さん、大人になって買い物が出来ればいいですよね。それより好きなこと、できることをできるだけ伸ばしてあげたいですね」と先生が話され、ゆったりと見てくれました。そのうち泣きながらやっていった宿題も、できることだけを納得して頑張ってやっていくようになりました。

このように低学年のうちに勉強についてもお友だちとのかかわり方についても、じっくりと体得していってくれた下地があるので、中学年、高学年になって困難な事にぶつかっても悩みながら成長してこれたのだと思います。学校生活は楽しい事ばかりではなく、つらく苦しい事もあると思いますが、「行きたくないよ」とは一度も言ったことがありません。常に前向きに、いやなことがあっても「このこと、速く解決したいな」といって勇んで学校へと出かけていきます。

ボランテイアで涼子の介助に行ってくださっているお母様にも、悩んでいることを打ち明けられたり相談されたりすることもあると聞きましたが、話をするうちに明るく解決の方に持っていく涼子の姿が素晴らしいとも話してくれます。あと残り少ない小学校生活もたくさん楽しい経験をし、たくさん悩んで送っていってほしいと思っています。

涼子は、手足が不自由なだけでなく、他にもいくつか脳性麻痺という病気のため苦手なことがあります。大きな音、とくに打楽器のように響く音は生理的に受けつけません。体を硬直して嫌がります。これは慣れるものではないということです。入学時、先生にはお話をしましたが、お友だち

中学で、先生や友だちといっしょの涼子さん

は一緒に生活して自然に分かってくれたようで、学年が変わり先生が変わった時、体育で先生が太鼓を使うと「先生、その音、涼子ちゃん苦手みたいだよ」と言ってくれたり耳をふさいでくれたりと「子供たちのほうが、よく知っているんですよ」と先生も感心して話してくれました。

また動いているもの、遠く離れた物を目で追うことが苦手な涼子にゆっくり指さしておしえてくれるのも友だちでした。こんなことも、いつも目線が同じ子どもだから気がつくのかしらと思いながら、これからも永く一緒に成長していってくれたらと願っています。

3 受け入れ態勢をつくっている中学校

涼子もまわりの子どもたちも当然中学校も一緒と思っているでしょうから、大人の私たちが今の状態でスムーズに先にすすめるように考えてあげなくてはと、昨年から何度か中学校や教育委員会に足を運び話し合いの場を持ちました。幸い、校長先生は教育委員会に積極的に働きかけてくれています。

今年度、学区の中学校の校長先生が変わったのですが、昨年の校長先生がしっかり引継ぎをしてくれたようで、「お待ちしております。涼子ちゃんができるだけ楽しく学校生活をを送れるように考えて行きます。」とのお話で少しほっとしています。ただ現在小学校では、お母様たちのボランテイアに支えられている涼子のトイレ等の介助については、中学校では副担任の先生もいるので考えていないということは話してきました。

介助員制度が白紙になってしまった今の浦和市（当時、現在はさいたま市）の状況では、人的な補助は望めないと、教育委員会では言われています。今年度に入って委員会の学校教育部長と財務課の方とお会いした時に、あちらから階段昇降機の話がでた時には少しこちらがびっくりしました。以前にも階段昇降機やエレベーターの設置はできないものかと何度も要求したのですが、昇降機は階段が狭く、緊急時等に子どもたちの避難経路だから危ないとか、エレベーターは、鉄筋コンクリートの構造上、あと付けでは無理だとか、強く断られていましたので、これはどうしたのかと思ったわけです。財務課の方が、学校に階段は一つではないので可能でしょうと言った時にも驚きました。このことについてもお話したことがあるのですが、階段すべて他の子どもたちが通るので危ないという返事でした。

涼子が小学校に通っていた6年間という間に世の中の考え方が徐々に変わり、役所の方の頭も少し柔らかくなったのか、人が変わったのか、時の流れを感じずにはいられません。このことは教育委員会が直接中学校に出向き、親立会いのもと、設備をすべて見たうえで、中学校側と話をして、トイレやスロープなど他のところのことも検討していくとのことでした。来年の4月からスタートする中学校生活を涼子も期待と不安を持ちながら考えていると思います。

2学期、3学期と残りの6年生としての生活を実りの多いものにしてあげようと先生方も色々教えてくれています。下級生にもたくさんの物を残し、お友だちとも、もっとも刺激しあい、一日一日を大切に、楽しく充実したものにしていってくれたらと思います。

我が家の双子の涼子と陽介は小学校生活の締めくくりをしっかりと、長女の祐子は中学3年生のいまを大切に、3人とも次へのステップに向かって頑張ってくれていることが感じられる毎日です。

埼玉県　川畑まり子

（増刊『人権と教育』39号、2003年11月）

〈親から教師への提案〉

授業を楽しく受けるために

肢体不自由児への配慮、親としての提案

肢体不自由児が普通小学校で生活しようとするとき、どうしても避けられない問題にぶつかります。それは、健常の子供たちと同じようにはできないことがあるということです。学校の構造や、設備などによるものもありますが、それらは、人的な配慮で解決できるでしょう。

つい「できるから、させる。できないからやらせない」という方向に流れがちですが、「じゃあどうしようか」と、いつも前向きに考えていきたいですね。

私が思いついた「授業を楽しく受けるための工夫」を紹介いたします。

これから入学を迎える人たちに少しでも参考にしていただけたらと思います。

まずは身近なところから

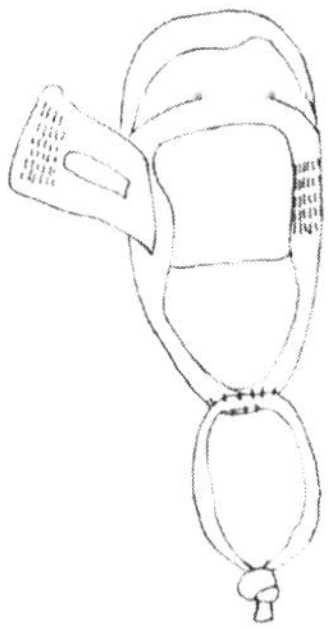

かかとに指を引っかけられる輪を付ける。本人にも介助者にも使いやすい。

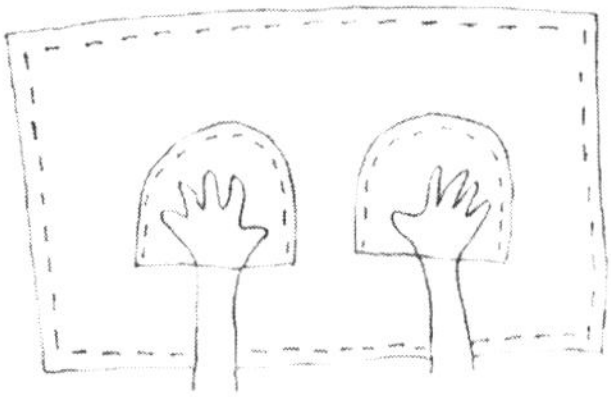

ぞうきんにポケットを付ける。手がずれないので使いやすい。

授業道具の工夫

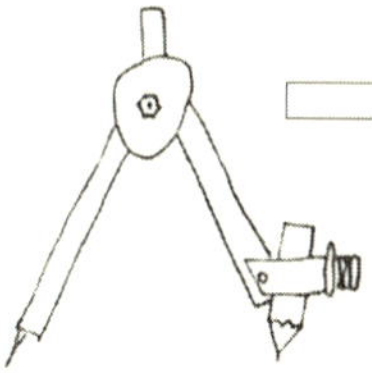

コンパスを回すのは難しい。

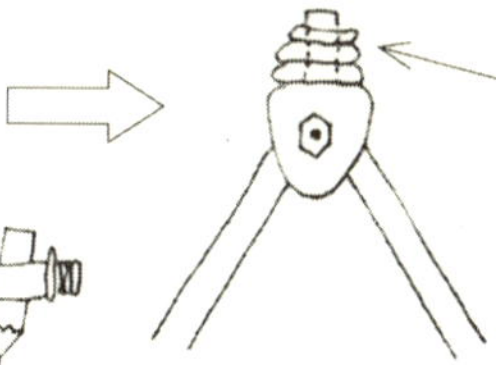

軸を太くするだけで回しやすくなる。

ティッシュと太めの輪ゴムでまく。
中央のネジはややきつめに締める。

これできれいな円を描けるようになった。

30cmものさしを押さえながら直線を引くのはむずかしい。

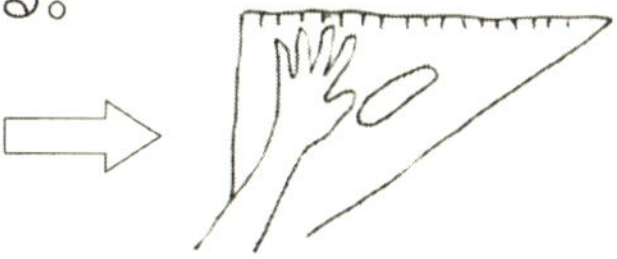

製図の時に使うような大きい三角定規を用意。押さえる面が大きいので力を入れやすい。

ピアニカにひもをつける。ひざの上で安定してひきやすい。

なわとびの工夫

なわを持ち回す。

介助者に押されてくぐりぬける。

歩行器でくぐりぬける。

介助者のおんぶでとぶ。

ねんどの工夫

（１年生時から）

指の力が弱く、ちぎる、ひねりだすことがむずかしい場合。固まりからよりも少ない力で、ねんどを楽しめる。

ねんどの固まりのまま使わない

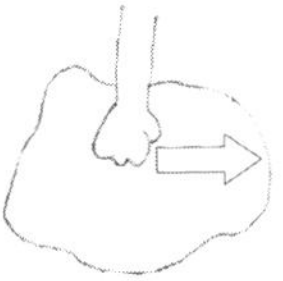

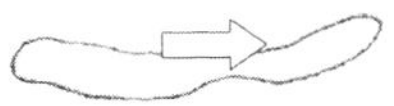

平べったく伸ばして使う

使い終わったら

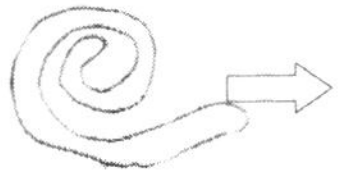

クルクル丸めて

ケースにしまう。棒状でも良い。

体育授業の様子

（1年生時から）

体育授業はこちらから積極的に
提案したほうが良い。
プールなど親が見本を示さないと、わからないことも多い。

プール
二の腕に付けるうきわを使用。
介助者は常に同伴。

座って受けとる。
ころがす

車いす乗って。

介助者に支えられて。

ボールをける。

輪に入って歩く。

群馬県　周藤美保
（『増刊・人権と教育』35号、2001年11月）

第Ⅱ部

先生、もっと子どもと向き合って!

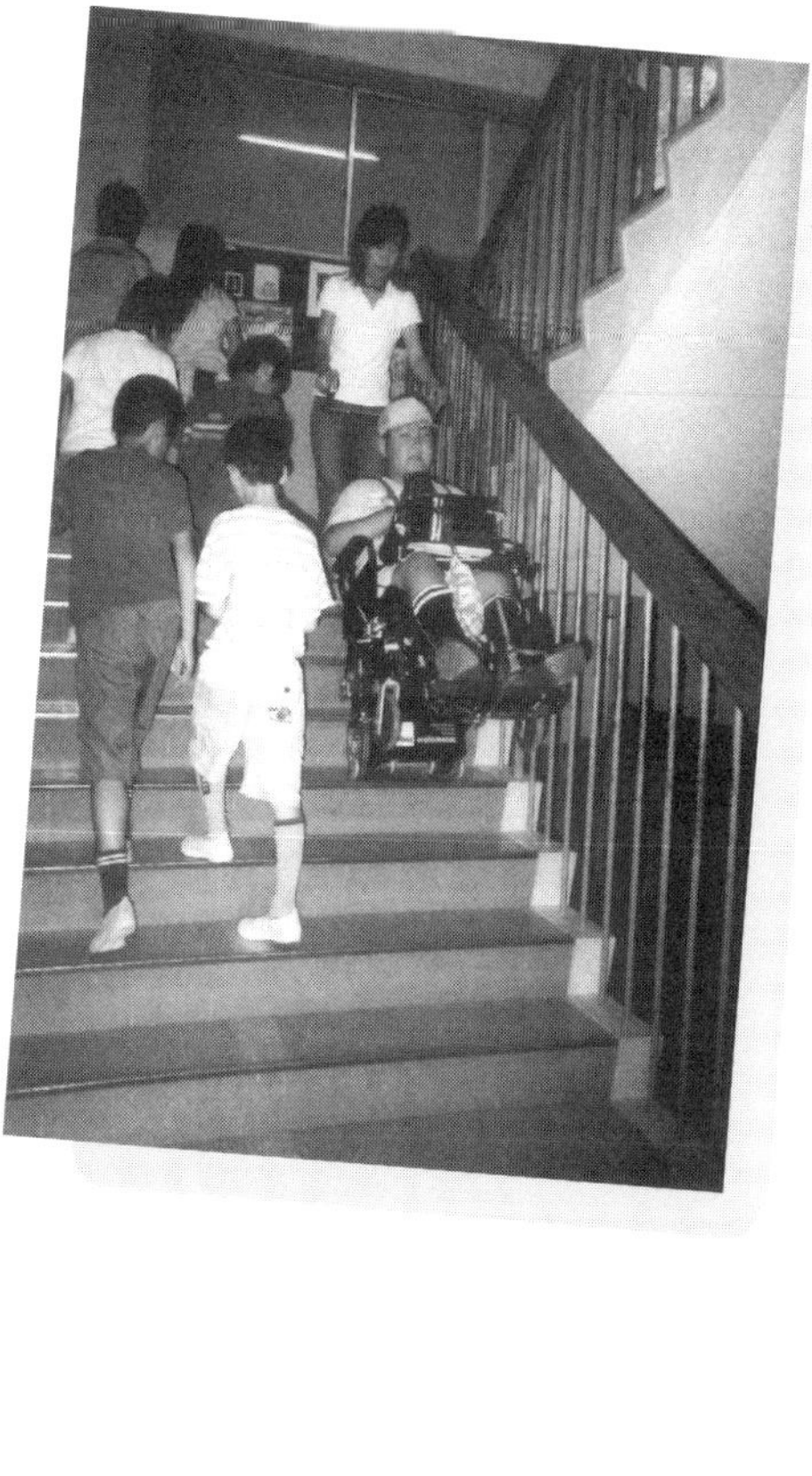

〈日々の対応①〉

担任が変わってきた手応えが

1 「私はもっとひどい子を持ったことがあるんですよ」

先週、担任とけんかになった事を電話でお話ししましたが、その後またまた大バトルとなってしまいました。

先週の金曜日の朝、健太郎が家でホウキをもって、床をはいていたので、「けんちゃん、学校でもお掃除してるの?」と聞くと、健太郎が「お掃除しちゃだめ」と言ったので、もしや掃除もさせてもらえないで、無視されているのではと思い、その日は、ちょっと早めに迎えに行きました。教室を覗いてみると、皆がふき掃除をやっている教室の隅っこで、ひとりポツンとすわり、掃除を見ている姿があったのです。私はやっぱりと思い、ほら掃除しなさいと言おうと思いましたが、教室の中まで入るのはと押さえていると、担任が男の子をつれて、私の方に

小学校はじめての運動会

来て「ほら○○君、お母さんが来たから言いなさい、さっき、けんちゃんにやられたことを。私は言えないから」と言うのです。

その子は「あのね、今日ね、けんちゃんが僕のこと、足でけって…」と健太郎がその子にした悪さを言いました。私は「それはごめんね」と言ったけれど、この担任の指導にびっくりしてしまいました。それはまるで、その辺のおばちゃんのやることではありませんか。子供同士がけんかをしたり、悪いことをしたら、ちゃんと話し合ったり、仲直りをさせたりなどを指導してから、親にこういう事がありましたと報告するべきではないでしょうか？

「私はお母さんに言えないから、子供にほら言いなさい」って、なんなのでしょう？

その後、私が、「健太郎は掃除もしていな

いんですか?」と聞くと「できませんよ」と担任。「家ではやってるんですよ」と言うと、「すぐ、お母さんは家ではできてる、できてると言うけど学校でやるのとは違いますよ。給食の時、こぼしたキュウリだってひろえないんですよ、それに雑巾、口にいれますよ」とまで言うのです。いくらなんでも雑巾を口に入れるとは考えられないけど、学校でのことは一部始終見ているわけではないのでそれ以上は言えませんでした。学校での掃除というものは、そんなにむずかしくて、障害児にはやらせてもらえないものなのでしょうか?

あまりにも障害児を馬鹿にしている発言に怒りを覚えました。担任は、これでもかというぐらい次々と親を傷つける言葉をはいてくるのです。障害児とその親をいじめるのは簡単です。その子ができない事をあげつらね、どんなに大変か迷惑しているかなどと言われたら、普通は、何も言えなくなってしまいます。でも私は、負けじと反論というか怒鳴り返してしまいました。

担任「ここは普通学級ですよ、お母さんは普通学級にいれたんですよ。皆と同じようにするのが当たり前じゃないですか?」

私「えー? 普通学級は何も健常児だけのための学級じゃないんですよ、それは法的にも保障されているんですよ。特別に配慮が必要な子が入ってきたら、それをやるのは当たり前のことじゃないですか」

担任「だから、私はしていますよ、前にはもっとひどい子だってみましたよ」

私「もっとひどい子ってなんですか? 失礼じゃないですか」

担任「お母さんは人の言葉じりをとって卑怯じゃないですか？」
結局こんな、ただの井戸端でのおばちゃん同士の怒鳴りあいになってしまったのです。
入学当初より担任の指導の仕方には不信感を持っていました。入学二日目にして、よく健太郎の面倒を見てくれていた同じ幼稚園の子に「けんちゃんのお世話はしないように」と言ったことなど、いろいろあるのですが、健太郎が五月の終わり頃からストレスで円形脱毛症になってしまったことや、クラスの子供たちが健太郎を無視する様子などを見ていて、危機感をいだいたのです。それで、子供を守ってあげられるのは親しかいないと、夫婦で校長のところに話しにも行きました。校長がどういうふうに担任に伝えたのかはわかりませんが、そのことに対して、今回、担任は憤慨し、納得がいかない、心外ですとまで言ったのです。
担任「何で自分のところに直接言いに来ないで、校長のところにいったんですか？　実際に子供をみているのは私ですよ、校長に言っても何も変わりませんよ」
私「それは、監督する立場の人に話をしたほうが良いと思ったからです」
担任「あーわかりました。その一言でお母さんの気持ちがよくわかりました。私は管理される人間なんですね。校長に私を管理しろということですか？」
私「そうです」
担任「私は人間を教育する立場にいる人間ですよ。それが管理されるんですか？　私が朝何時に来て何時までいるか知ってますか？」

私たちは子供の危機を感じて監督する立場にある校長に話をしておいたほうが良いと思い、話に行ったのです。それを校長がどう受け止め、どう対処するかは校長の力量にかかることだと思いますが、どんなことであれ、保護者から直接校長に話があったということは、担任もそれを真摯に受け止めなければいけないのではないでしょうか？

話の途中、担任が校長を呼びに行きました。担任は、すぐにもどってきましたが、なかなか校長が来ないので、またまた、こまかいことで担任と意見があわず怒鳴りあってしまいました。なぜ、こうも通じないのか？「友達とのかかわりをもってほしい」と言えば、当番をきめ、休み時間の終わりに一緒に手をつないで教室に戻ってくるようにしたらしいのですが、それでは子供たちにとってはただの義務でしかありません。そして、健太郎をただ特別な子供とみなしているだけなのです。この担任とは100万年話してもわかりあえないと思ったところに、やっと校長が入ってきました。二人のすごいバトルに頭をかかえ、何も言えない様子でした。

そして、またまた担任のすごい発言。

担任「私は去年、一年生の担任をしていたから、前の校長に頼まれて担任になったんです。私が担任をおりたら、誰も担任になってくれませんよ、私ほどやってくれる人はいませんよ」

私「校長先生、そうなんですか？　うちの子には担任がつかないんですか？」

校長「そんなことはないですよ、誰かつけますよ」

あまりにも障害児を馬鹿にし、思いあがるのもいいかげんにしろと言いたかったです。9年間の義務教育は子どもにとって権利であり、学籍を措置されて、この学校に来ているのに担任がつかないなんてことはありえないし、親に対してこんなことを言う神経がわかりません。よりにもよって、こんな担任をつけられたおかげでピカピカの一年生はだいなしになってしまったではないかと前年度までの校長を恨みたくもなります。教師として言ってもいい言葉なのでしょうか？

最後に、担任はこうも言いました。

担任「私もうやってられない、辞めたっていいですよ、私はお母さんよりずっと年も上だし、いろんな学校も見てきました。三十数年の経験もあり、自信もあります。プライドも持っています。お母さんにいろんな事を言われて、私のプライドはボロボロです。私のことは何も認めてくれないじゃないですか？　できるようになったことは当たり前、帰りに教科書をかばんに入れることだって、給食の時並ぶことだってできなかったんですよ。私ほどやってくれる人はいませんよ。もうだめ、私やってられない。もう体もボロボロです。私はどうすればいいんですか？　連絡帳になんでも書いて下さい。その通りにしますから」

話があまりにも通じないのでうんざりしてしまいましたが、目先のできた、できないではなく、もっと心を育てることを考えてほしいのです。わずか、6、7歳のハンディがある子供に円形脱毛症になるまで、精神的なストレスをかけないでほしいのです。

健太郎が円形脱毛症になったことも言ったら「それは、環境がかわって、お母さん無理させてませんか?」と言うのです。

私は「出た、その言葉」と思い、「先生はこういう子は特学に行くべきだといつも心の中でそう思っていませんか?」と言いかえしました。しばらくの沈黙、問題はこれなのです。健常児が円形脱毛症になったり、不登校になった場合、何とか学校で抱え込もうとするけれど、障害児がそうなった場合、親が無理させて普通学級に入れているとくるのです。これでは、インクルージョンなんて一歩も進まないのではないでしょうか。

なにもこんなオバチャン担任と傷つけあうために普通学級に入れたのでもなんでもないけれど、正直言って、一学期でめげてしまっている私です。普通学級に入ってもその中に「特学」をつくられているような感じで、授業中は無視されているか、健常児と同じことを求められ、怒られている姿しか私は見たことがありません。いっそ「特学」に行ったほうが本人にとってよいのだろうかとも思ってしまいます。

でも、待てよ、今、変わらなければならないのは学校、必要なのは教師の意識改革なのではないでしょうか。いっそ、こういう教育者としての資質に欠く担任には辞めてもらったほうがよいと思うけれど、実際のところ、私には、ユンケル黄帝液を何本飲んでもこれ以上事を起こしてという元気はでません。こんなオバチャン先生を私が引き金となって辞めさせたり、むりやりクラスを替えてもらったりしたら、後味が悪く、しこりが残るし、めざめが悪いと思うのです。

いろいろぐたぐたと書いてしまいましたが、健太郎の学ぶ権利を保障させていくには、担任との言い合いにめげずにいうべきことはきちんといっていくしかないと思っています。

2　心ある担任に変わってきた手応えが

二学期が始まって、早一ヶ月が過ぎてしまいました。八月三十一日、私は、宿題が終わっていない子どものように、とても憂鬱でした。それは、明日から健太郎が、すなおに登校してくれるだろうかという不安で一杯だったからです。夏休み前の二週間は、学校に行くのを嫌がる健太郎を、引きずるようにして何とか学校に行かせたけれど、もうこれ以上は、無理に行かせることはできないなと思っていたのです。一学期は、担任の心ない指導によって、学校になじめず、ストレスをため円形脱毛症にまでなってしまった健太郎でした（月刊『人権と教育』368号参照）。

でも、四十日間の夏休みはありがたく、思いっきり遊び、発散できたのか、始業式の日は、すんなり登校班で出かけて行き、ほっとしました。健太郎が帰って来て、すぐ連絡帳をみると、担任から「運動会と連絡帳の件でご相談したいので、下校時に教室まで来てください」と連絡がありました。一学期に担任とは、大バトルをしてしまったので、いったい運動会について何の相談があるのだろうと私は、マイナスなことばかり考えていました。

また、あれが出来ない、これが出来ないなどと言われるのか？　もう、バトルは疲れてしまったし、でも、これで引いてしまっては、健太郎の学ぶ権利はどうなるのか？　などと考えながら翌日、いやいやながら、出向いて行きました。教室に入ると、今まで名簿順で、一番後ろだった健太郎の席が、一番前になっていました。

担任に挨拶をすると、ニコニコ笑顔で、「健ちゃんの席は、すぐ目が届くように一番前にしました」と、言いました。そして、運動会の件は、ゆうぎなどもだいたい出来ているので、介助員はつけなくていいですねということだった。連絡帳は、健ちゃんも自分で書けるように健ちゃん用を作り、大人用と二冊にしましょうと言ってきました。二学期の勉強の進み方も説明してくれ、かまえて出かけて行った私は心のなかで、「いったい、どうしちゃったの！　やればできるんじゃない」と叫んでいました。夏休み前は、「クラス一人一人の要求なんて、聞いてられませんよ」などと言っていた担任とは思えませんでした。

そして、今まで、一度もほめられたことがなかったのですが、「健ちゃんはいいですよ、明るいから」とか、「二学期間、一度も休まないのはすごいですよ。よほど、お母さんの健康管理がいいんでしょうねえ」などと、私のことまでほめてくれたのです。それから、二学期の係りを決め、健ちゃんは「でんき係り」になりましたと言って、私の前で、健太郎に教室のスイッチをつけたり、消したりさせて見せてくれました。担任のこの変化に驚き、夏休みの間にいったい何があったのだろうなどと、私は思ってしまいました。研修でも受けて学んだのでしょうか？　それとも、うるさい親だから、めんどくさいことにならないようにとでも思ったのでしょうか？　理由はどうあれ、とにかく担任の態度は変わったのです。そして、健太郎に向ける視線が変わっていることも感じました。母親の直感で、これなら大丈夫だなと思いました。そして翌日、私は健太郎が入学して以来初めて、少し安心した気持ちで学校に送り出すことができました。一学期の終わりに担任と大バトルとなって、私は担任に対して不信に思っていたことを全部はきだしました。そして、担任も感情的になって、本音で随分ひどいことも言ったように思います。

一番の問題は、教師が、障害児は普通学級に居る子どもではない、特学にいくべきなのにと思って、障害児を担任していることだと思います。いつも心にその壁があると、教師も、子どもも、その親も不幸だと思うのです。私はその気持ちを捨ててほしかったのです。それで、最悪の時は、教育委員会に持ち込めば良いという気持ちがあったので、ここぞとばかり、直球をなげたのです。でも、一人では、そんな力はでてきません。やはり、支援してくれる人たちが居るということがあるからです。少数派の私たちは、一人では、いくら頑張っても弱い存在です。障害児が差別を受けたり、不当な扱いを受けたりした時に、泣き寝入りしないようにするには、やはり、いろいろな知識や経験をもった支援者が必要だと思います。担任の無理解によって、障害児を普通学級にいれておくことに疲れて、特学や養護学校に移ってしまう人も多いと思いますが、それでは、根本的な解決にはならないのではないでしょうか。どこに行っても、やはり担任しだいなので、思い切って親の気持ちをそのまま、ぶつけることも必要なのではないかなあと思っています。

心配していた健太郎の二学期も担任が、プラスの目で健太郎を見てくれるようになり、良い方向に向いています。担任と私の関係も、毎日連絡帳でやりとりをして、健太郎の成長を共に喜ぶというようになってきました。もちろん、私も担任に感謝すべき点は感謝しています。本来、親も教師も目標は、子どもの成長、発達だと思います。障害のあるなしにかかわらず、教師が真剣に一人一人の子どもと向き合い、子どもの成長、発達を考えていくことが一番大事なことだと思います。どの子にも学ぶ権利があり、どの子も伸びる芽をもっているのですから。担任には、是非、三十数年のキャリアをプラスの方向に活かしていただきたいと願っています。

埼玉県　渡辺丈子

（月刊『人権と教育』368、370号、2004年7月、10月）

〈日々の対応②〉

おきざり事件の解決

教育委員会と学校評議員を交えた話し合い

2学期早々、とても考えられないことが起きました。穂香《ほのか》は6年生、脳性まひで歩行困難な子どもです。いろいろなことがあったけれど、今回ほど悲しかったことはありませんでした。

9月17日（金）いつものようにお迎えに行くと担任が話があるといいます。他の子どもたちを帰して私たちだけになってから、目に涙をためて申し訳なさそうに「教師としてとても恥ずかしいことなのですが」と切り出しました。

その日の1時間目6学年全員対象で、卒業生の高校生による将来の夢を話す会が行われました。その会場は教室のある3階とは違うので、当日の朝に担任が介助員に「6年生の移動があるからよろしく」という連絡をしました。ところが、その1時間の間、穂香は教室にひとり取り残されたのです。介助員は職員室にいたままでした。担任も、隣のクラスの学年主任も誰も気づかないまま、1時間過ごしてしまったのです。子ども達はフロアーに座らされる場所なので、車椅子の穂香はいっそう目立つはずの会場です。1時間「いつくるか、いつくるか」と待っていた様子が目に浮かびたまらなかったのです。

「どうして」と言ったまま私はショックでボロボロ涙が出てきました。

その日は泣いてばかりで過ぎました。翌日は腹が立ってたまりませんでした。ちょうど3連休だったので、どこに話すこともできず、やり場のない怒りを持て余すばかりでした。「自分のクラスの子どもがいないことに、しかも車椅子に乗った穂香がいないことに、どうして気づかないのか、介助員との連携はどうなっていたのか」さまざまな疑問が浮かびました。そして、私を腹立たせているのは、穂香は一学期にも、おきざりにされたことがあって、学校に注意をお願いした矢先のことだったからです。

9月13日の連絡帳に（概略）「一学期中の朝行事の際に穂香が一人で教室に残されてしまったことがあったことを、穂香から聞きました。先生のほうで【教室に、一人で動けない子がいる】という感覚を持ち、連携をとって二度とないようにお願いいたします。一人ぼっちで残されてしまうのがどれほど怖くてさびしいか、介助の先生と話してください。また、介助員任せにならないように、うまく進めてください」ということを書き、その返事に「気をつける、相談していく」と書いてあった4日後の事件ということもあります。口先だけとしか受け取れない、悲しい証拠となってしまいました。

穂香の心の傷は大きなものでした。「誰からも忘れられてしまった、私のことは大切でない」と落ち込み、「S先生（担任）もO先生（介助員）も信じられない、会いたくない、学校に行きたくない」と言い出しました。

いつまでも泣いてばかりでいられません。学校は待ったなしで動き出します。運動会ももうすぐ。運動会は笑顔で迎えさせてあげたい。進むにはどうしても、事実確認と改善策の提案が必要です。思いついたことを文書にまとめ、教育委員会の指導係係長のところに向かいました。

いまの学校は、内部で話し合っていただけでは何の改善にもならないことを今までの経験で知っていました。かばい合いしかしないからです。第3者の立会いが必要でした。そこで、教育委員会の指導係係長と人事係係長に立会いを求めました。2人の係長は修学旅行問題でも話し合っていたので、学校と私たちがどんな状態にあるのかよくご存知だったため、2つ返事でOKでした。

もうひとり、保護者の立場に立っていただく方も必要と考えたので、学校評議員をされている50代の女性に連絡し、お願いしました。こういうときに、地域で知り合いを広げておくと話が早いです。やはりOKでした。

校長へは教育委員会が電話してくれました。夜6時からの話し合い・・・

ところが！　話し合い当日、担任が「校長先生が話があるそうです」と呼びにきました。「何を今さら」と思いつつ職員室に入ると、「今日の話し合い、介助員は夜遅くてかわいそうなので、話し合いからはずします」と言いました。

「だって、当事者ですよ。何を言っているんですか？　事実確認をしなければならない当事者がいなくて話し合いになると思われるのですか？」

「Ｏ先生を呼ぶのなら、今日の話し合いはしない」

「まったく、誠意がないですね。何を考えてるんだか。教育長に抗議します！」

「どうぞ！」

こんな調子です。思い返しても腹が立ちます。すぐに教育委員会の係長に電話しました。「校長がこう言っている。こんな人が校長だなんて信じられない。こんなに誠意のない対応が許されるんですか？」

「校長に電話してみます、また連絡します」と慌てて電話を切りました。

３時過ぎ係長から電話があり、「今日のところは私と教頭と３人で話しませんか？」

「教頭と話して何になるのですか？　当事者がいなければ意味がないでしょう。私は今日中に、事実確認と解決策を話し合って、１回の話し合いで終わりたい。そうしなければ子どもは学校に行けないですよ。」

「わかりました。校長は（介助員を話し合いに参加させることについて）教育委員会からの指導としてなら受ける、と言っています。そのように話します。よろしくお願いします。」これで、６時からの会議がようやく確定しました。

結果は、先生方の意識の低さを知らせるものでした。介助員は話を聞いていなかった。担任はゲストの対応と進行にだけ心が向いていた。誰のための会なのか。「子ども達に将来の夢を持って欲しい、そのために先輩を呼んで話を聞かせてあげたい」という趣旨が、「静かに話を聞かせてゲストに失礼がないように、滞りなく終わるように」だけになっていたのです。「子どもが抜けていたら意味がない。穂香のように目立つ子がいないことがわからないのだから、健常の子どもがいなくても絶対に気づかない。事件になる可能性もある」という話もしました。

改善策もお粗末なものでした。担任には「今の席の並べ方では穂香が自分で動けない。通路を広くして欲しい」と1学期から再三言ってきたのに「4列のほうが管理しやすい」という理由で続け、今回動けなかった穂香は他の教室に助けを呼びに行くこともできなかったのです。今回のことでやっと、席を変えたのでした。また、学校側は緊急ベルをもうひとつつける、穂香をことあるごとに誉めたたえて子供同士の意識を高める、などを改善策としてあげました。何を言っているのだか。

何よりも変えなければならないのは、職員の意識です。介助員との連携です。責任の持ち合いです。そういう点が全く抜けている。

職員室の入り口にある黒板に、学校の一日の流れが書いてあることくらい、部外者の私だって知っています。それを「知らなかった」と平気で答える介助員を「まだ来たばかりだから」とかばう姿勢にあきれました。

＊介助員には予定がわかった段階で知らせる。重複してもいいから担任と学年主任が伝える。口頭だけでなく、文書で知らせる。職員会議で話されたことは必ず伝える。

＊介助員は、朝、一日の予定を担任に確認する。

＊担任は介助員任せにせず、最終責任者として確認をする。

こんなことも、私が提案しました。そして、管理的なことについては、

＊黒板に一日の流れを書く際に、移動の必要な行事は色を変えて書く。

＊教室内に、穂香が通れる幅の通路を確保する。

＊緊急ベルは、必要なときには子どもも押していいことを確認する。

もし、今、学校間のことで悩んでいらっしゃる方は、ぜひ、第3者をはさんで公平に見てもらう方法も考えてみてください。自分たちに非がないこと、普通に考えておかしくないことは、自信を持って話されるといいと思います。きっとわかってくれる人もいます。

群馬県　周藤美保

（月刊『人権と教育』373号、2005年1月）

〈日々の対応③〉

いじめ克服も担任次第

1　交流ではなくベースは普通学級で

2001年2月、亜紀（中等度の知的障碍）の中学入学を控え、中学校長と障級（障碍児学級）担任にK先生、小学校障級のO先生と私の4人で話し合いをもった。

私と夫の希望は、小学校のときと同様に、普通学級をベースに、週2〜6時間程度障級に通級するというものだった。障級への通級を希望したのは、息詰まるような学校の中で、亜紀にホッとできる場を残してやりたいという思いと、一人でも多くの人（教師や生徒）とかかわることで、人間関係を広げてやりたいと思ったからだ。もちろん、最少人数で教育を受けられるのだから、少しでも亜紀に合った学習保障をしてほしいという思いもあった。

私たちの思いは小学校を通じて校長に伝えられていたはずだが、校長は、「亜紀さんは、主要5教科を障級で、他の四教科を協力学級で交流するのがいいと思う」と言われた。それでは3分の2以上障級になってしまう…。

私は「交流で、お客さんのように接するのでなく、ベースを普通学級に置いて良い面も悪い面も含め、当たり前に友だちともまれ、社会性を身につけてほしい」と話した。

すると、K先生が、「そう考えていままで普通学級でやってこられたのに、今日の亜紀さん（当日、1時間ほど障級の授業を体験した）を見ていると、社会性が身についているといえませんね。ほとんどしゃべらないし、お母さんは亜紀さんの将来をどう考えておられるのですか？」と言われる。

私は、今日の亜紀は緊張していただけで、ふだんは明るく社交的だということ、将来については漠然としているが、収入を得ないにしても、人の中で生きていってほしいむねを話した。それに対しK先生は、「知的障碍のある人の進路は作業所か、ほとんど在宅ですよ！」と言い放った。「どうせ将来は在宅なのに、なぜムリをして普通学級に入れるのか」と言わんばかりのK先生の言葉に、怒りを感じるとともに深く傷ついたけれど、そのときは返す言葉もなかった。

結局、亜紀は通級なしの普通学級でスタートすることになった。入学を前に私たちは、「1時間の内5分でも亜紀のために」「亜紀の心のケアをしてほしい」などと記した要望書を何日もかけて書き上げ、校長に手渡した。亜紀の担任、教科担任になる先生方にも是非読んでいただき、共通理解をと念を押したのだが、後で担任に尋ねると、要望書の存在すらご存知なかった。

2　中学校生活スタート

大きな不安を抱えて、亜紀の中学校生活がスタートした。

中学は「普通学級で学んだ子」の体験談も少なく、一つ一つが手さぐり状態だった。入学してすぐ、亜紀は卓球部に入り毎日クタクタになって帰って来た。学校のことは気が向くと単発的に話すだけで、自分のことはほとんど話さない。

小学校の時のような連絡帳もないので、担任に気軽に質問したり、思いを伝えることも少ない。ときどき、連絡事項などを電話で伝えてくる担任の話しでは、クラスの中に、亜紀のことを知っている子が少なく(中学には4つの小学校が集まってくる)様子がわかってくるにつれ、亜紀のことを「ヘンな子」として馬鹿にしたり、仲間外れにする子が目立つようになった。担任も亜紀も困った場合は小学6年生のときの同級生で、亜紀の理解者であるAちゃんに頼ることが多いとのことだった。夏休みが近づく頃には、クラスでも卓球部でも、明かな「いじめ」が起きた。亜紀の水筒に石が入れられ、そのお茶を飲まされたり、言葉の暴力や無視されるなど、担任は、「いじめた子には指導しましたが、亜紀さんとも約束しました。一つ、人の顔をジロジロ見ない。二つ、指をなめない。三つ暴言を吐かない。以上三つです」と言われた。担任は、いじめは悪いが亜紀の方にもいじめられる理由があるとの考えだった。

そこで私は、「確かに三つのことは直した方がいいことです。でも、いじめはどんな理由があってもしてはいけないことですし、いじめられ、傷ついている子に、あなたも直しなさいと言えば自分が悪いからいじめられた、なおさら萎縮するのではありませんか」と言うと「いじめた子の前では言っていません。亜紀さん一人の時に指導しています」だから指導は必要との返答だった。亜紀にしても他の子にしても問題行動は悪（その理由は考えない）、生徒は指導管理するもの、という担任の姿勢は、いろいろな意味で子どもたちを抑制し、問題行動を助長しているように思えてならなかった。この担任に限らず、優等生のまま教師になって「できない」と評価された子どもの気もちがわからない教師が多いように思う。

3　マイナス評価ばかりの学校

一学期末、校長、学年主任、担任と、夫と私と、再び話し合いの場をもった。相変わらずの話しの後、「では、各教科担任から聞いた亜紀さんの様子をお話しします」と、担任が各教科について、いかに亜紀が授業に付いて行けないかできないことが多いかをメモを見て、得意然と読み上げた。

「だから障級へ行くしかない」と言う教師に対し、私はとことんがっかりした。亜紀が皆と同じようにできないことなんて、最初からわかっているではないか。どの教科の先生も子どものできないところ、マイナス面ばかり見ているのか。そんな否定メッセージの中にいたら、子どもたちは友だちのいいところより、悪いところを捜してしまうのではないか。そして、亜紀のような子は排除の対象になってしまう。

「先生、できないところでなく、プラス面を見つけてやってください。授業中、黙って話を聞いて、わからないなりにノートを取るというだけでも、亜紀にとってはとても努力の要ることです。亜紀の頑張りを認めてやってください。授業中、ひと声かけてやっていただければ、励みになると思います」。やっとの思いでそう言ったけれど、学校と私たちとの教育観の違いはあまりにも大きいと改めて思った。

4　気付けなかったいじめ

やがて夏休みを終え、体育祭。色別に分かれて競うのだが、難しい応援の振り付けを、クラスの友だちや同じ色のチームの先輩に教えてもらって、猛練習した。当日は、微妙なズレはあるものの、見事に演技し、友だちにホメられ、大満足で帰ってきた。そんな状態が続き、うまくいっていると安心していたのも束の間、12月になって、10月半ばから、亜紀が暴力を伴ういじめを受けていたことがわかった。クラスの何人かの男の子から、足で蹴られたり、ほうきでたたかれたり、足や腕にいくつもの青アザまでつくっていた。

何人かの女の子は、「きしょい」「希望（障級）へ行け」などと暴言を吐いたり、無視したり、まわりの子たちは、いじめに加わらないまでも、怖くて、制止したり、教師に伝えることもできなかったらしい。暴力を伴い、ケガまでしていたと言うことで、学校の対応は早かった。加害者となった生徒にしっかり指導するとともに、保護者を学校に呼んで事態が重いことを伝えたため、本人と保護者とであやまりにきたり、電話をかけてきたりと、皆、真剣に受けとめてくれた。

私と夫は、「亜紀がアザまでつくっているのに、何故気付いてやれなかったのか。サインも出していただろうに」と、情けないやら、亜紀に対して申し訳ないやら、大きなショックだった。クラスでは何度か話し合いが持たれ、亜紀がどんなにつらかっただろう、といった反省が次々に出された。これを境に亜紀に声をかけてくれる子が増えるなど、クラスメートの亜紀への態度はガラリと変わった。亜紀は、数日ゴキゲンで登校したが、休日をはさんで、「学校へ行きたくない」と言い出し、2週間余り休むことになった。いつも活動的でやかましい亜紀が気味が悪いほど静かで、いつも以上に私に甘えてきた。いじめを受けても休むことなくじっと耐え、張りつめていた糸がプツンと切れたのだろう。忙しい年末だったが、絵本を読みきかせたり、抱っこをしたり、亜紀との時間を大切にして過ごした。

5　ちがいを認められない学校

3学期は元気に登校し、あっという間に2年生になってクラス替え。校長が代わったため、学校は柔軟になり、亜紀は週2時間ほど障級へ通うことになった。障級でもらってくるプリントは、小学1年生向けのもので、亜紀の持つ力の少し上のところを引き出してほしいと願っている私たちにとって、がっかりさせられる内容だった。数を数える勉強をしたといって恥かしそうにみかんを1袋もらってきたり、団子をつくって食べたり、どんな目的を持ち、どこに焦点を当てて授業をしておられるのか、疑問を感じた。障級担当の先生に何度も問いかけたが、「この子たちに合ったことをしている」と言われるばかりで、納得できる答えは得られなかった。

さて、2年生になってからも、夏休み前あたりから小さなトラブルが続いた。亜紀は目立つ子や気になる子を容赦なくじっと見るので、なれない子は怒り出す。また、相手になってもらえないと、奇声を発したり、注目を集めようと人をつついたりして浮いてしまう。そして、前年と同じく、体育祭が終わった頃から、亜紀に対する仲間はずれ、暴言、こづいたり押したりといった暴力が始まった。

担任は、指導しているけれど、思春期の反抗的な子どもたちに亜紀のことをわかってもらうのは難しい。それより、いつもわからない授業を聞いている亜紀が可哀想だ。障級へ行ってはどうか、といわれる。私は、いじめられたからといって障級へ、というのはおかしい。クラスメートが亜紀に対して、「希望（障級）へ行け」と言うのは、亜紀に対してだけでなく、障碍のある人への差別だ。よい機会だから、キチンと学ぶ機会にしてほしい。亜紀が2年3組の仲間だということも子どもたちにしっかり伝えてほしい、等、担任に伝えたが、担任はとても表面的な感じで、話しても話してもハートに響かない。1年生のときと違って、何となくダラダラといじめが続き、亜紀は時に休みながら学校に通い続けた。3学期からは毎日午後、障級へ通うように「配慮」された。（クラスの居心地がよくないので逃げ道として私たちも了解した。）

3学期のある日、担任から電話があった。体育の時間、バスケットボールをしているが亜紀はルールがよくわからず、ダブルドリブルをしたり、パスも上手でなく、危険。ときどき個別にパスの練習をしてあげるが、亜紀ばかりに関わっていては、他の子が技術的到達点に達しなくなってしまい困る。

もう一点は、亜紀の靴下の色が明かに他の子と違う、と言われた。「つまりまっ白でなく黒ずんでいるということですね。」と問うと、「そうだ」と言われる。電話を切った後、私は怒りいっぱいの気持ちで父や友人に電話をかけ、アドバイスを受けるとともに自分の気持ちを整理した。そして、担任に長い手紙を書いた。

バスケットボールのルールは、皆が公平に楽しむためにあるのだから、できない子がいたらルールを変えてもいいのではないか。技術の上達を目指すだけなら塾でもよいし、勝つためのゲームをすれば、亜紀のような子は邪魔な存在になってしまう。学校は全人教育の場であり、できない子を含め、皆で楽しみながら上達するためにどうするか、考えさせるのが教育ではないか。できない子は特別なところ（障級）で学ぶのが当然という考えで事を進めれば、仲間意識も工夫も生まれない。私たちは、亜紀が当たり前にみんなといっしょに学んでほしいと願い、普通学級を希望している。事がある度障級を勧めるのではなく、亜紀が普通学級で学ぶために学校全体としてどうバックアップしていくか、教育委員会に人員確保を要求するなど、一生徒、一担任でなく、教育の問題として考えてほしい。

また、靴下について、わが家は合成洗剤は使わず本人が下洗いすることになっている。靴下は安く売っているけれど、少々黒ずんだからと捨てるのは「おごり」だ。それぞれの家庭で方針があるので、それを互いに認め合えるような環境を学校はつくってほしい。黒ずんだ靴下がいじめの原因になると心配する以前に、靴下は白という決まりをはじめ、ささいな違いが許せない学校自体、変わってはしい、と。

担任の返答は相変わらず表面的な話に終始し、私は疲労感でいっぱいだった。おそらく、担任の方も、「何を言ってもわからない親」と思っていたことだろう。

6　共に学ぶ意味

中学校は、何かを要望すると、「忙しい、時間がない、受験を控えている。思春期の生徒はムツカシイ」と返ってくる。

工夫や考え方次第でできるのでは？　と思うことも多いがシャットアウトされてしまうので、こちらもつい「まあいいか」と黙ってしまう。とりわけ学習保障について、中学校は普通学級で保障できるわけがないと考えていて、要望すれば「障級へ」と言われるだけで、小学校の時のような話し合いはほとんどできない。それより私たちは、いじめがないように、あったとしても芽のうちに摘む、ということを要望するのにエネルギーを費やした。

学校とのやり取りの中でいつも感じるのは、亜紀に限らずどの子にとっても学校が居心地のよい場所とはいえないだろうな、ということ。先生方は、生徒を管理し、できないことに目を向け、マイナスメッセージを送り続ける。この状況は先生方自身も窮屈でしんどいだろう。障碍のある子や問題行動を起こす子は、邪魔な存在ではなく、皆が学べる願ってもない素材を提供してくれる。ダメ、できない、でなく、子どもたちのプラス面を見つけ、マイナスに見えるところはどうしたらプラスになるかを考え、工夫する。それが教育だと思うのだが。

一方、亜紀にとって、読み書き計算といった力は、障級を中心に学んだ方が伸びたかもしれない。しかも普通学級は抑圧的で、いじめなど問題も多い。それでもなお、私たちは、亜紀が普通学級で学んでいる意味は大きいと思う。本人の精神的成長や興味の広がり、対人関係におけるプラス面はもちろん、まわりの子やおとなに与えた影響も計り知れない。

人は人の中で生きていく。その力は、目に見えないので、今の学校というシステムの中では評価されにくい。けれど障碍のある子が普通学級で学ぶことは、そのシステムさえ変えていく可能性を持っている。根気が要るけれど一歩ずつ、一人でも多くの人に理解を広げていきたい。

京都府　村山起久子

（『増刊・人権と教育』39号、2003年11月）

〈授業のなか〉

今年はみんなと同じ水泳帽で

賢慈、たくましく泳ぐ夏

今年も夏休みのプールのことを考えますと、気分が憂鬱でした。2年生に入り、私自身、疲労していましたので、またプールのことでもめたくはありませんでした。

1　どうしてちがう帽子なの？

新年度、東児玉小も新校長を迎え、職員も新旧異動で、若年齢層が増えました。賢慈《けんじ》は、昨年から引き続き同じ補助員の方が付いています。担任は、ベテラン中のベテランの女性、40代半ばの先生です。長男が3年生の時、三男が2年生でお世話になりました。児童からは、厳しくて宿題が多いかなあと言われている先生ですが、しっかりされた方です。

夏休み前の授業のプールは、補助員がついてみんなと同じにプールへ入っていました。

介助員とともにプールを楽しむ

担任は、私にそれとなく、「授業中はみんなといっしょにプールに入っているからあまり無理をしなくても」と私に、気遣ってくださいましたが、夏休みのプールには補助員がつきません。その場合、学年と同じ色の帽子ではなく一人目立つ色の帽子にしてほしいというのです。

「入水につき、同じ学年の色の水泳帽ではなく、オレンジ色の水泳帽をかぶっていただきたい、安全のため」とのことでした。

昨年、障害をもった子どもの横に、水着姿の親がいっしょに入水している異様な情景がありました。もちろん子どもはオレンジ色の帽子です。

想像してみてください。

私はPTAなどで夏休みのプール当番も経験していますので、現場の様子が目に浮かびます。プール当番の教師3人とPTA役員が2~3人、プールサイドに立っています。ときには、職員室におられる先生方もおいでになられます。その中で、学年とちがう色のオレンジ色の帽子をかぶった子どもの横に、水着姿の親がいっしょに並んでいる異様な情景に、すべての目が注がれるのは当然なことでしょう。

でもそれは大人たちだけからの眼ではありません。周りの子どもたちにも、やっぱりあの子は障害児、自分たちとは違う世界の人なんだと思わせることでしょう。こうした異様な情景が、子どもたちに偏見と差別の目を助長することにはならないのでしょうか。障害をより障害化させ障害者にしたてていくとは、こういった少しの配慮、気配りができないことから、始まっていくのではないのでしょうか?

障害を持っていても、みんなと同じ一人の子どもに変わりはありません。楽しいと感じる心も、悲しいと感じる心も……。ほかの子どもたちにわからせていくのは、大人たちの役割ではないでしょうか?

健常児たちは学校から体力増進のため、「夏休みのプール、頑張っていきましょう!」などと、プリントを渡されているのに、なぜ家の子だけがあきらめなくてはいけないのか! 好きなプールへ学校の友だちと入れるからこそ、より学校生活を円滑にしてくれるものと思い、夏休みのプールは親側が障害児生活サポート事業支援員(レスパイト)の方に付き添いを依頼することで、校長から許可が出ました。少しすっきりしない気持ちもありましたが、大人の気持ちはどうであれ、賢慈は今年の夏休みは、みんなといっしょにプールに入れるのだから、と安堵していますと、担任から、「校長からお話が、たぶん帽子のことだと……」、やはり……。

もし溺れてもオレンジ色だと子どもでも見分けがつきやすいので、と心臓病のお子さんのプール内での事故のことも話されましたが、私は昨年もその帽子の件で、夏休みのプールへ入らなかったこと、この水泳帽の件は、今年の検討事項とされたことをお伝えしましたが、新校長は何もご存知なかったようです（前校長から新校長へどの程度の引きつぎがなされましたのか、すこし疑問に思えました）。

新校長ももう少し早く話してくだされば……とのことでしたが、校長としては管理職という立場上のこともあり、その場は、後に引くことができなかったのでしょう。でも、最後にこの件について、もう一度検討いたしますよ、と私に告げました。そして私も帽子についてしばらく考えてご返事いたしますと伝え、退室いたしました。

自宅へ帰り、急に悲しくなって泣けてきてしまいました。なんで同じ学年の色の帽子でなくてちがう色なの……、補助員がつくのに。命や安全がいちばん大切なこともわかりますが、その前に一人の子ども、親の心に寄りそって考えていただきたいと思いました。

障害者の偏見の軽減にかなりの心を配られたヴォルフェンスベルガー氏は、障害者の髪形などをはじめ、あらゆる観点から偏見の軽減を論じられています。たんに障害者の人権を認めようというスローガンを連呼するだけでは達成されるものではありません、といった視点に、共感いたします。

またなによりも、子ども（賢慈）のことを考えますと、長い夏休み遊び相手は、自宅では兄たちぐらいで、唯一、小学校で友だちに会えることが楽しみなのです。夏休みのプールへ参加できますことは、障害を持っていても、みんなと同じ一人の子どもだと尊重された思いです。

2 みんなと同じ水泳帽で

と、そんな複雑な気持ちでおりますと、校長から自宅へ電話があり、「明日学校へ来ましたら、お話がありますからお立ち寄りください」とのことでした。その電話で、帽子のことを分かってくださったのだとすぐ判断がつきました。

結局、障害児生活サポート事業支援員が付いてくれたおかげで、賢慈はみんなと同じ帽子で14回中9回ほど参加できました。今回の夏季プールについて、早い時期に新校長に相談していれば、もっと良い解決が得られていたかもしれません。が、私も体調不良と精神的な負担が重なり、昨年の経緯もあり私たちのほうから問題提起する力は湧きませんでした。

新校長先生は、賢慈が普通学級に入ることに理解を示してくださっています。新学年早々、私たちが実現する会と相談の上で教育委員会へ提出いたしました要望書のコピーを読んでいただきました。資料も添えて。もちろん担任の先生にも、同じものをお渡ししました。

校長先生は、月刊『人権と教育』の読者にもなってくださり、全校生徒の前でも、障害者やその家族の気持ちを話していきたいとおっしゃっておられました。ここに至りますまでには、昨年、児玉郡市人権教育研究集会や埼玉県北部人権教育研究集会で、レポーターとして親の気持ちや願いを訴えてきた努力もいくらか実りつつあるのかと思っています。

校長先生も親の気持ちをしっかり伝えていけば、よく理解してくださる方です。分かっていただくためには、勇気を持って校長室のドアをノックすることが大切なこと、再認識しました

埼玉県　下山圭子

（月刊『人権と教育』370号、2004年10月）

※障害者（児）生活サポート事業（レスパイトサービス）家族などに代わって、障害のある方を一時的に介護する有料の福祉サービス。介護者、家族がリフレッシュしたい時、家族に急用ができてしまったり体調をくずした時、学校や施設、病院などへの送迎が必要な時、家庭以外での遊びや生活体験をしたいときなどに、利用者の要望にあわせたサービスが提供される。埼玉県ではこの事業を「生活サポート事業」という。市町村によって利用料金の一部補助あり。市町村の福祉課にお問合せを。

〈学校行事〉

「林間学校を辞退せよ」と校長が

中2の娘の場合

「林間学校と修学旅行は遠慮して下さい」という学校長の言葉にわたしは失望しました。

わが家の葉子（重度の知的障害者）も中学2年生です。1年の頃は、クラスの中で葉子の居場所ができ、1日も休むことなく通うことができたことは、大筋において、うまくいっていたと思います。担任の先生が、葉子のできないことばかりではなく、葉子に対し他の生徒がどのように接しているかとか、葉子が新しくできるようになったことを言ってくれたのは、本当にうれしい事でした。

しかし気掛かりなこともあります。美術の時間や習字の時間などは道具を開くこともなく、とくに大好きなプールは、先生の手が足りないと言う理由で入れてもらえませんでした。こちらがボランテアを紹介してやっと1日だけはいれたのです。

1　「辞退してほしい」と言われて

今年こそプールには最初から入れてもらいたいと思い、学校長に話し合いを申し入れました。そしてそのとき、なんと林間学校も修学旅行も辞退して欲しいと突然言われたのです。校長がまるで当たりまえのことのように「親がついてきても、介助員がついてきてもだめです」と言うのには、私は唖然としました。葉子に知的障害がなければ、こんなことを言うでしょうか。相手がよく理解できないからといって、なにをやってもいいというものではありません。

私は、この1年間、「うまくいっている」と思ってきました。おそらく日頃の雰囲気からですが、学校長もうまくいっていると思っていたに違いありません。しかしその「うまくいっている」の中身は全く違っているのだと気が付きました。クラスの中で葉子の居場所ができ、先生方からもそれなりに受け入れられて、うまくいっていると私はとりました。一方校長は、親が先生方の苦労を解ってくれて、ありがたいと学校に感謝し満足している様子だからうまくいっていると思ったのでしょう。校長は、親が簡単に林間学校や修学旅行を辞退すると踏んだでしょうし、辞退しないと解ると「こんなお母さんだと思わなかった」という言葉となって出てきたのだと思いました。結局その日は結論が出ず、もう一度話し合いを持つことになりました。そしてその話し合いでも結論が出ないときは教育委員会との話し合いになることを覚悟しました。

友人に囲まれ中学へ

私は会員になっている「障害者の教育権を実現する会」の山田英造さんに相談、山田さんは、障害を理由に学校行事に参加させないのは差別である、と言いました。そして教育委員会の話し合いの同行もこころよく引き受けてくれました。

葉子の担任の先生にも、「林間学校には参加させたい」と言うと、担任の先生は「ごめんね、何も言えなくて」と言います。先生はますます発言しづらくなったのだな、とそのとき私は感じました。子どもにいちばん接している担任がなにも言えない。親も担任には、遠慮があったり、機嫌をそこねたくなかったりで、本音を言いにくい。学校長は上の教育委員会に対してものが言えない。いったい誰が子どもの気持ちを汲んであげられるのでしょうか。

私は朝日新聞社にも事の経過を連絡したところ、記者はすぐさま教育委員会と私宅に取材にきました。その記者は、教育委員会の無責任な態度に、官僚の最たるものだと呆れていました。

また私は行田市の市議会議員にも連絡をとり、学校がもし、あくまでも林間学校や修学旅行に子どもを参加させないと言うのであれば、障害を理由にした差別であるから、議会の場で教育委員会の姿勢をただして欲しいとお願いしました。

また私は、行田市に近い東松山市や熊谷市ではどんな対応をしているのか、それぞれの市で運動をしている人に尋ねてみました。両市では親が付いて行くことはないとのことでした。しかも東松山市では介助員の制度ができているそうです。熊谷市で運動をしている方は、今どき介助員がついていっても連れていかないなど珍しい、もし置いていくようなことになれば大問題だから、各新聞社に連絡したほうがいいだろう、教育委員会はいつも責任を逃れようとするだろう、といっていました。そしてやはり2人とも教育委員会の話し合いに同行しようと言ってくれたのです。

2　差別は内側からも

しかし校長の言ったことを、差別だと感じた人ばかりではありません。葉子が中学に入学する頃から、校長の話し合いについて来てくれていた支援者の方は、校長の言うことは差別だと思わないし、私の悔しいという気持ちも理解できないと言うのです。その方々は、普通学級に入っている子どもの教育環境を改善するために、体制作りを先生や教育委員会と共にやっていこうとしているのです。したがって、子どもが学校でどのように生活しているか、親は積極的に学校に行って見学して把握し、悪いところは先生方と共に改善したほうがいい。また先生の手が回らないところは親が介助に行くのも、体制が出来ていないいまの段階では子どものために仕方ないのでは、と主張します。社会で差別がなくなることはないんだから、その状況のなかで子どもが居心地良くなるように変えていこうと言うのです。今度も差別だと言って教育委員会におしかけることには反対しました。

差別だ！と言って権利を主張していくことはたいへんなエネルギーが必要です。穏やかな話し合いですべて解決できればどんなに楽でしょう。しかし今回のようにこちらが「日程のなかで無理なところはどこか、細かく検討しましょう」と言っても、学校が開き直って、全くこちらの言うことを聞き入れようとしなかったら、結局、子どもにとってたった一度の林間学校に参加できないのはしのびない、と親が付き添うことになるでしょう。そのことが改善への一歩になるのであれば良いのですが、本来いるべきでない子どもを、お情けで入れてやっている、手のかかる子どもは親が来て当然、というような学校側の認識では、親は、体制が整うまでの環境改善の手助けのつもりでも、その親の思いは空振りに終ってしまいます。おそらく修学旅行でも同じことの繰り返しになるでしょう。

支援者の方は「お母さんのような態度では、セクハラをして校長を降格になり、父母から現場復帰を拒否されたどこかの校長のように、葉子ちゃんも学校に居られなくなるかもよ。今度小学校に入学した肢体不自由児のお母さんは、毎日学校へ付き添っていて、先生方がそのお母さんを気の毒に思い、教育委員会に要望を出し、補助員の制度が出来上がったんです。あなたの7年間のやり方が悪かったのではないの。みんな親の頑張る姿をみて応援するのよ」と言います。

一般的に、頑張る障害者やその家族、類まれな才能のある障害者、すなおで愛される障害者やその家族を期待します。そうでないと、単に手のかかる邪魔な人間、自分達と違う人間と見られます。しかし子どもやその保護者が、そんなに立派な人間でなくても、友達とおなじ学校へあたりまえに通えるようになって欲しいのです。

支援をしてくれるといってくれる人の気持ちは本当にありがたいのですが、その人たちがどの程度の思いで言っているのか、真剣に考えているのか、それとも一時的にきまぐれで首をつっこんだだけなのか、どんな立場の人なのかということをよく見極めないと、精神的に余計な労力を使うことになってしまいます。

そして2回目の話し合いがもたれました。他の子どもに何かあったときは責任をもてるが、葉子については範囲を超えているので、責任をもてないから連れていけないという校長の姿勢は変わりません。校長は、「おしっこの介助や生理の介助がどうして先生の仕事になるのか。

私はいつも先生方に、申し訳ない申し訳ないといっているんですよ。これ以上先生がたに負担をかけさせられないし、このうえ林間まで連れていけというのは、親のわがままだ」と言いました。「申し訳ない、とはどうしてですか」「お母さんにそんなこと言われたくありません」「それでは障害者は、一生申し訳ないと言って生きていかなければならないでしょう」重度の知的障害者が、普通学級に居ることが校長には納得がいかないのです。もはや校長では埒が明きません。教育委員会との話し合いになりました。

3　校長ではラチがあかない

5月1日午後5時、実現する会の山田さん、宮永さん、柴崎さん、東松山市の神田さんと私の5人で教育委員会に向かいました。教育委員会では当初課長さんが会う予定でしたが、こちらの面々を見て、慌てて部長を呼んできました。母親だけなら、またいつもの調子で返せばいいだろう、と軽く考えていたのが見え見えでした。私がまず要望書（本書p184掲載）を読み上げ、つづいて神田さんや実現する会の方がたの厳しい追及に、教育委員会は返す言葉がありませんでした。そして最終的に、校長が両親に対し、差別的な発言があったことを謝罪するよう、教育委員会は校長を指導すること。また葉子が林間学校に参加する方向で前向きに考えるということを約束してくれました。そしてその後、学校長より謝罪がありました。

校長は謝罪の際「差別の気持ちはなかったが、親御さんがそのようにとったのなら、この場は謝るしかないだろう」と言いました。校長の謝罪で今回は一応の解決をみたわけです。そして今後は簡単には行事への参加をこばむことはできないでしょう。しかし林間にも修学旅行も辞退してくれと言われた時の衝撃を忘れることはできません。ただ単に林間に行けるか行けないかの問題ではありません。その生徒を本当に受け入れているかどうかです。私は不条理に「くるな」と言われた子どもの気持に思いが及ばない校長を、教育者と認めません。

こうしてすったもんだの末やっと林間学校に行くことができました。葉子は行く前から「バス、バス」と言って喜んでいました。最終日学校へ子どもを迎えに行き、担任の先生に様子を聞くと、葉子は一人の先生と一緒で他の生徒とは触れあいがなかったそうです。夜ねるときも先生の部屋で寝たとのこと、数枚ある貴重な写真には、先生と二人で写っているか、一人でポーズをとっている寂しいものでした。付き添いで行った校長先生に「お世話になりました」と挨拶をすると憮然として「先生がたは大変でした」と言いました。

埼玉県　山田　町子

（『増刊・人権と教育』35号、2001年11月）

［資料］　市教委宛の要望書

私どもの三女葉子は、現在、埼玉県行田市立行田中学校（学校長山野達雄）の2年生です。

さて、山野校長は、こんどの6月5、6、7日の林間学校ならびに1年後の修学旅行の参加を辞退するようにと言ってきました。葉子は重度の知的障害を負っていますが、それを理由に学校行事への参加を拒否するのは、障害をもつ子にたいする教育上の差別であるといわざるをえません。この問題で二度校長と話し合いをもってきましたが、校長はその差別的な対応を改めようとはしません。

貴職におかれては、服務監督権者として、障害を理由にした教育差別を改めさせるとともに、娘葉子が他の生徒たちといっしょに林間学校や修学旅行に参加できるよう、しかるべき対処をしていただくことを要望します。

記

二度にわたる校長との話し合いの経過は以下のとおりです。なお、山野校長の言葉のひとつひとつについては、録音テープを用意して記録したものではありませんので、正確ではないかもしれません。しかし、山野校長の言わんとするところは、まげていないつもりです。

さて、校長から冒頭に書いたことを言われたのは、さる4月12日、母親町子がプールの授業参加について校長に申し入れをおこなった席でのことでした。突然、校長から、こんどの林間学校ならびに1年後の修学旅行参加を辞退してくれと言われました。しかも、「親の付き添いがあってもだめだ」というのです。そんなことを言われるとは予期していませんでしたので、ほんとうにおどろきました。また同時にくやしさがこみあげてきました。

校長が理由としてあげたのは、つぎの四つでした。

一、林間学校は山登りがたいへんで、健常者にとっても非常にきついこと。

二、教職員も高齢化になり、自分たちが山登りするだけでもたいへんになってきたこと。

三、娘葉子は、皆とおなじようにはできないこと。だからといって、特別なカリキュラムを組むつもりもないこと。

四、何かあったときの責任をとることができないこと。

それから、校長はこうも言いました。ふだんの学校生活でも葉子は先生方の手をわずらわしており、これ以上、林間学校まで連れていけというのは、親のわがままだというのです。

もし、葉子が隣の中学校の生徒で、無理やりいっしょに連れていけと言うのなら、そういう言い方もできるでしょう。しかし、葉子の学籍は行田中学校の2年2組にあり、この一年間、他の生徒たちといっしょに学校生活をともにしてきました。葉子が学校行事の一つとしておこなわれる林間学校に参加を拒まれるいわれは何らありません。

「介助員や親がついてきても連れていくつもりはない」。校長はそうも言いました。私どもにとって、たいへんショックな言葉でした。もし葉子が重度の知的障害を負っていなかったら、そんなことをいわれることはなかったでしょう。これほど、葉子や私どもを傷つける言葉が他にあるでしょうか。悔しい気持ちを抑えながら、行田市に障害者のいる家族を支援するアシストパートナーという制度があり、その方に介助を依頼することもできる、と校長に提案しました。そして、葉子に無理な山登りやハイキングなどはさせなくて結構だから、参加させてほしいとまで、私どもとしてぎりぎりの譲歩もしました。

ところが、山野校長には私どもの意図を汲んではいただけませんでした。山野校長は、こうも言いました。障害児の親にたいしてこれ以上の侮蔑があろうかと思われるような発言でしたので、下に列記します。貴職におかれては、校長にたいし、公僕としての資質をも疑いかねないような言動を慎むよう、ご指導願います。

一、親は、子供の権利を主張して、子供を林間学校に行かせ、スッキリするかもしれないが、山登りもしないで旅館で待っているのは、本人にとって意味がないのではないか。

二、お母さんは、先生のたいへんさを解っていてくれて、「お世話になります」と言ってくれていたと思っていた。お母さんが先生方にたいして、「お世話になります」「ありがとうございます」と言ってくれていたので、私たち教職員もやってこれたのに、こんなお母さんだとは思わなかった。

私どもは、校長の差別的対応に納得できませんでしたので、話し合いを次回に持ち越すことにし、4月20日、母親町子は、アシストパートナー「らしく」に所属する2名の方にも同席をお願いして、再度校長との話し合いをもちました。しかし、山野校長は、前回と同様、参加を辞退してくれとの一点ばりでした。その理由はこうです。

一、何かあったときの責任がとれないし、いまの社会は学校にたいして厳しくて、何かあったと　きたたかれるのは学校であること。

二、トイレの介助や生理の世話までどうして先生がやらなければならないのか。

そして、教職員の身分の人がもう一人ついて行くか、あるいは葉子の保護者がついてきて、自主参加というかたちであるなら考える余地があると言いました。

「自主参加」というのは、何を意味しているのでしょうか。学校としては葉子の参加を認めていないけれども、親が葉子に付き添ってかってに参加したというかたちをとれとでも言いたいのでしょうか。もしそうなら、これほど障害児と親を馬鹿にした言い方もないでしょう。

林間学校や修学旅行は私的な行事ではなく、学校という公的な機関がおこなう行事です。葉子が伝染病に感染したというのであれば納得もできましょう。校長の理由はそうではありません。葉子にたいして障害にそくした個別の配慮をしたくないから、宿泊行事への参加を辞退せよというものなのです。これは、あからさまな障害児への教育差別以外の何者でもないのではないでしょうか。

貴職も御承知のように、今日、障害がある子もそうでない子も、いろいろな子供が地域の学校にいて当たり前というインクルージョンの考えが世界的な教育原則となっています。これまでのインテグレーションという考え（障害のある子を既製の普通学級に迎え入れる）から、インクルージョン（いろいろな子供が学校にいるのが当たり前であり、十人十色、三十人三十色、一人ひとりのニーズに応じて教育をおこなうという考え）へと、教育観の転換がはかられてきたのです。１９８９年、国連で採択され、１９９４年に日本で批准された「子どもの権利条約」では、障害を理由にした差別の禁止が謳われる（第２条）とともに、子どもの最善の利益を第一義的に考える（第３条）ことを社会公共の側に義務づけ、さらに障害児への教育サービスについては、「可能なかぎり全面的な社会的統合ならびに、文化的及び精神的発達を含む個人の発達を達成することに、貢献する仕方」でおこなわれなければならない（第23条）と定めてもいます。

この条約の定めからいっても、葉子が他の生徒たちといっしょに宿泊行事に参加するのは、正当な権利であり、それに伴う教育上の配慮は、学校の責任においてなされるのが当然でありますます。親の付き添いを前提にするなど、おかしなことといえましょう。

クラスの生徒たちも、「葉子ちゃん、林間どうするの。絶対行ったほうがいいよ。いい思い出になるよ」と心配してくれています。葉子もみんなといっしょに林間学校に行けるのを心待ちにしているのはいうまでもありません。どうか一人の障害少女から中学校の楽しい思い出を奪うことのないよう、応分の対応を願います。なお、この文書は公表される用意があります。

２００１年５月１日

行田市（以下住所略）

山田　耕作㊞

山田　町子㊞

行田市教育委員会

教育長　柴崎　泰治　殿

〈介助員要求①〉
現場の力で　補助教員の獲得

小学3年生の通常学級で知的障害の緑さんを受け持っていた時、市教委とかけあって補助教員を獲得した。もう7年（1997年）も前のことになる。直接のきっかけは、指やえんぴつで友だちの目をねらうようになったことだった。

緑さんは、食べ物の好き嫌いが激しく、針金のような細い体をしていた。強度の近視なので厚いレンズのメガネをかけていた。また脳性麻痺による肢体不自由があり、多少足をひきずるところはあったが、ごく普通に歩いたり走ったりできた。校門から飛び出していく時の速さには舌をまいたものである。

1　きっかけはパニック行動

3年生になってクラス編成があったので、3分の2の子が入れ替わった。できるだけ緑さんと仲の良い子を一緒のクラスにしたつもりではあった。それに1、2年のときの担任もわたしだったのである。しかし担任は同じでもクラスが変わるとやはり不安や緊張に包まれるのだろう。

新学期早々、とんでもないことが起きた。転入してきたばかりの薫さんをひっかいたのである。休み時間が終わって、玄関口で靴をはきかえるとき、緑さんが5年生の女の子の髪の毛をひっぱろうとしたので、薫さんがそれを注意してやめさせたのだという。

薫さんの頬には幾筋ものひっかき跡ができていた。薫さんも負けん気が強くて、「おまえなんか死んでしまえ」といきりたった。緑さんも三つ子の姉妹の末っ子、負けてはいなかった。「近寄るな、あっち行け」と言われ、ますます興奮して、つかみかかろうとする。そこで緑さんを保健室へ連れて行き、興奮が収まるのをまって、「ひっかいているでしょ。薫さんのほっぺに傷ができたよ。ほっぺが痛くて、薫さんは泣いているよ」と話して聞かせた。薫さんのケガがひどいので、放課後、わたしと校長とお母さんと緑さんの4人で謝りにでかけた。それ以来、校長には緑さんの行動を話すように努めた。

それからしばらくして、とんでもないことが起きてしまった。作文の時間、緑さんは良子さんの目をえんぴつでついたのだ。幸いにも良子さんがかけていたメガネのレンズが守ってくれて事なきを得た。しかし、良子さんの表情は堅くこわばっていた。保健室で「目が見えなくなったらどうするの。目は命についで大切だよ」と諭した。でも、なぜそんなことをしたのかという疑問が消えなかった。

そこでふと、2年生の時、初美さんの目をえんぴつでつこうとしたのを思い出して、こころみにそのことをたずねてみた。すると、「うん、初美ちゃんをやったよ」とこともなげに答えた。初美さんの件は、半年も前のことだが、ちょうど学童に通い出したころで、学童のお友だちと遊ぶようになって緑さんとあまり遊ばなくなっていたのである。もしや良子さんもと、「この頃、緑さんと遊んでいるの」とたずねてみたところ、薫さんの件以来、「緑さんと一緒に遊ぶのが怖くなってしまった」というのである。

どんな子も一緒に遊びたかったら、「遊ぼうよ」と自分のほうから誘うものだが、緑さんがそうしないのは、わたしも含めて周りが配慮しすぎ、ワンマンにしてきたところもあったのかもしれない。

緑さんは、3年生になって学校の生活習慣にもずいぶんなれてきて、遊び足りないからといって教室から飛び出すこともなくなり、理科でこころみている仮説実験授業では、みんなにまざって予想をたてたり、発言したりもした。国語でも音読に加わったりして、みんなから拍手をもらったし、図工では喜々として絵筆を握ってグニャグニャとたくさん線を描いた。体育でやっていたこおりおに遊びでも、おにから逃げ回っているよといわんばかりに走り回っていた。

2　なぜ補助教員か

友だちの目をねらうのはとても危険なことだ。まかりまちがえば失明にも至りかねない。ちゃんと見ていないといけないとは思うのだが、いかんせん目がとどかない。一人では無理なのである。

パニック行動が激しくなって教頭に預けたり、空き教室に閉じ込めたりしたこともあった。しかしクラスのみんなから引き離すというのは、やむを得ない措置だったとはいえ、それを長く続けるわけにもいかない。だいいち、それが罰としてやられているのだという了解はついに得られなかった。むしろ、わたしへの憎しみを募らせただけだった。

「母親に付き添ってもらったらどうか」と助言をしてくれる人もいた。しかし、「実現する会」の就学教育相談を担当していて、親の付き添いを強要する学校の存在することに腹だたしさを感じていたこともあって、やはり学校のなかで起きている問題は学校で解決するのが本筋ではないかと考えた。

緑さんがいちばん退屈しているのは、算数の授業だった。3までの数もよくわかっていない緑さんには、わり算など理解できっこない。だからといって、この時間、放っておくのは、学ぶ権利を保障していることにならない。これまできちんと個別に数を教えてこなかったことを反省させられ、算数の授業の合間を見て、3までの数を教えてみようと思ったのである。そのなかできっと達成感や成就感を味わうこともできるだろうし、それが気分の安定にもつながっていくにちがいない。

八百屋さんでリンゴも買ってきて、タイルと対応（一対一対応）させることからはじまって、数の多い少ないをへて、リンゴの個数と数詞を対応させたり、具体から抽象への道筋をたどるようにして3までの数を教えていった。はじめ、2と3が区別ができなかったのだが、やがて数詞の3を見て「さん」と答え、「タイルを3だけ置いてみて」「リンゴを3個並べてみて」という注文にも答えられるようになり、わたしも興奮してしまった。

「みいちゃんが3までわかったよ」「えっ、ほんと。すごいね」という声とともに大きな拍手が起きるや、「バンザイ」と、緑さんは両手を挙げて飛び上がった。こんなふうに体いっぱい達成感を表現したのもはじめてのことである。

ところが2学期になってもパニックは収まらない。だれかしらが被害を受けるのを目の当たりにして、こんなとき、補助教員の制度があればなと思わざるをえなかった。補助教員とは、その子のニーズに応えるために、学級担任とは別にマンツーマンで対応する教員のことである。もしもう一人そばに教員がいてくれたら、目が行き届くのはたしかだし、緑さんへの対応ももっと落ち着いてやれるのではないか。このときほど、制度の貧困を痛感させられたときはなかった。とはいえ、これにも問題がないわけではない。補助教員が障害児をかかえこんでしまって、周りの子どもとの間に垣根をつくり、友だち関係をずたずたに引き裂くケースもあると聞くからだ。

ところで日本では、一人担任が通常の形態となっているが、統合教育運動のなかでいくつかのバリアントが創造されてもきた。補助教員方式や校内通級学級方式である。しかし、これらは予算措置をともなうため、実施している市町村の数は少なかったが、この当時でも、補助教員を配置しようという動きが各地で現れきていた。

もっとも先進的な例は、東京の町田市の場合だ。早くから統合教育をすすめてきたこともあって、「小・中学校に設置する障害児学級の教育活動の充実及び通常の学級に在籍する障害児の学校生活を援助する」ことを目的に、補助教員を「障害児介助員」と名付けて条例化していたのである。身分は地方公務員法に定められた非常勤の嘱託職員。学校長の命令で、①身辺処理の介助、②校内における移動の介助、③校外活動時（宿泊を伴う場合を含む）の介助、④危険な行動の防止等安全配慮、⑤教材の作製、⑥学級運営上必要なことを行うとされている。過去、盲児が通常学級に就学した場合、副読本の点訳なども介助員が行なってきた。つまり、この条例は、障害児の種類を特定しないで、すべて障害児童の学ぶ権利を配慮したものとなっているのである。こうした動きは、障害者の教育権を実現していく運動の成果でもあった。

町田市にみられるような配慮は、学校教育法の定められた「設置義務」に照らすならば当たり前のことなのである。市町村は、この定めにもとづいて、学校の建物を造ったり、校庭を整備したり、教職員を雇ったりするのである。では一体だれにたいしてその義務を負うのかといえば、「教育への権利」主体である子ども一人一人にたいしてなのである。

そこでは一人一人の子どもにとっての「最善の利益」が優先されねばならないのである。「一人の子どものために予算はかけられない」などという指導主事もいるらしいが、しかし一人のことを考えられずして万人のことが考えられるとでもいうのだろうか。

それと、予算がないなどということもない。教員が急にケガをして長期の病休をとったりする可能性はあるのだから、予算の常識からいって、それを全然予測しないなどということはありえないのである。そんな予想のもとに補助教員の配置要求に踏み切ったのだった。

3　配置要求、実現へ

配置要求については、学校の問題として考え、対処していった。わたしが出した緑さんについてのリポートをもとにして、校長が市教委に要求する一方、それを後押しするかたちで所属の教員組合からも要求書を提出した。そうはいっても、権利の主体は、緑さん本人であり、その権利行使を代行するのがご両親なのだから、節目ごとに相談しながら交渉を進めていった。

教育長権限を代行して出席した教育次長は、「先生のご苦労には頭がさがります。ご苦労を押しつけているようで申し訳なく思っています」と言ってくれた。ところが通常学級籍では予算措置ができないという点は譲らなかった。

さいたま市に合併する前の話で、当時、与野市といっていたのだが、過去、通常学級籍で補助教員を配置した例はあったのである。しかし、それは保護者の側から要求されたものではなくて、市教委のイニシィアチーブでなされたものであった。通常学級籍で配置すればその影響も大きいのはたしかである。それと、いまひとつは、後で知ったことだが、わたしの学校に併設されている「なかよし学級」（「特殊学級」）の担当教師が体調不良を理由に補助教員を要求していたことも、市教委の判断材料の一つとなっていたらしいのである。

わたしとしては、通常学級籍で押したのだが、ご両親の考えは、「通常学級籍にはこだわらない」というものだった。緑さんのパニック行動が周りの子におよぼす影響の大きさを考えて譲歩された。要望を提出したのが10月下旬、左記の4点の最終合意がなったのは、1か月後の11月下旬のことだった。緑さんの学籍（だけ）を「なかよし学級」に移すことで妥協が成立した。それだけに、合意事項をきちんと文書にして残しておきたいと考えた。市教委との最終合意は次のとおり。

① 「通常学級籍のままで介助員の配置を」という要求が出されていたが、今回、予算等の問題もあって実現できなかったことについて、教育次長からご両親に陳謝の意が表明された。

② 介助員の配置が実現できるのなら、学籍を「なかよし学級」に移すのもやむを得ないというご両親の考えは、次善の策である（学籍だけ形式的に「なかよし学級」に移して、ふだんは通常学級で）。

③　学習保障の面で学級担任をカバーするために、介助員は教員免許の取得者であること。

④　友だちの関係を考えて、通常学級籍で学校生活の大半をすごし、「なかよし学級」に通うかどうかは、本人の気持ち次第である。また、介助員は学級担任と相談し、必要に応じて通常学級に入りこんで学習対応をおこなう。

そして、ご両親が「なかよし学級」への移籍承認書を提出するや、すぐにでも対応していきたいと、教育次長は締めくくった。

後日、職員会議で校長からこの件について報告がなされた。すると、「なぜ、緑さん一人に補助教員がつくんですか。なかよし学級のほうはどうなるんですか。おかしいと思うんですけど」という発言をする人もいた。「なかよし学級」の教員が体調不良ならば病休をとればよい。病休をとるのは権利ではないか。その間、代替教員も派遣されるのだから、だれに遠慮することもない。それと緑さんの学習保障の問題とを対立させて、どちらを重視するのかという問題のたてかたのほうがおかしいではないかと思うのだが多勢に無勢。

残念ながら「なかよし学級」の教員を配慮すべしという意見のほうが多数をしめ、結局、緑さんのほうから「なかよし学級」へ通っていくということになってしまった。補助教員方式から校内通級方式に変えられてしまったというわけである。ところが生活の大半を通常学級ですごしながら、治療学級へは週に数時間通って、数や言葉の指導をうけるという校内通級方式の意義はあいまいにされたままであった。そこが不満な点でもあった。そこで当面、週に算数の時間だけ通ってもらうことにして、朝の会と帰りの会については補助教員にクラスに入りこんでもらうことにし、後はわたしがカバーしていくことにした。

12月になって補助教員が派遣されてきた。明るくてパワフルな中年の女性教師だった。緑さんもなついて、いそいそと「なかよし学級」へ出かけていった。緑さんを見送りながら、これでよかったのだと思った。

しかし不安もあった。障害児教育を「特殊教育」という特殊化された枠のなかでのみ認めていこうとする文部科学省の政策を現場の教師たちが下ざさえしている現実があるからである。そうした現状のなかでは、学籍変更の問題は小さい問題でなく、むしろ今後に陰を落としたといえなくもない。「この子はなかよし学級だよ」というかたちで、わたしたちの意識を縛りかねないからである。どんな制度的改革もそれを支える人々の意識によって内実が変えられていくという意味で、この「わたしたちの意識」というやつが曲者ではないだろうか。

埼玉県　山田英造

（『増刊・人権と教育』40号、2004年5月）

〈介助員要求②〉

介助員要求は、こうして通った

埼玉県川口市の場合

ここ数年、「実現する会」就学・教育相談窓口には、校外学習その他、ことあるごとに学校側から付き添いを求められるのだが、どうしたらいいかという話が多く寄せられている。なかには、付き添いは求められないまでも、介助職員の旅費の肩代わりを求められたという場合もあった。ここに紹介する水野千聖（ちさと）くんの場合は、ご両親が、丸1日、学校での付き添いを強いられていたケースであるが、親が声を上げること、それがいかに大切かを教えてくれている。

1 「ご両親が付き添うのですね」と学校側

2004年4月、千聖くん（脳性まひの後遺症のため車椅子使用）は、川口市立前川東小学校に入学した。しかし、それに先だつ1月、就学にあたっての打ち合わせの席上、ご両親は、学校側から、「水野さんも覚悟を決めて入学させるのですからがんばってください」「ご両親が付き添うのですね」と、付き添うことが、さも入学の条件であるかのように言われたのであった。わが子が地域の通常学級に通えるならとご両親は、やむなくこれを受け入れたという。

送っていき、そのまま帰るまで隣の教室で待機・介助するのは並大抵のことではない。そのうえ、家事や買い物、家のこまごましたことなど、その間まったくできないのだ。しかも、お母さんは、昨年、椎間板ヘルニヤの手術をしたばかりである。たまたまお父さんの仕事の関係で、休日が火、水曜日に設定されていたことから、両親交代での介助が始まった。しかし、家庭の生活を犠牲にして、そのうえに成りたつ学校教育とは、いったい何なのであろうか。

2 何から何まで親がやらなければならないのか

通学が始まっているのに机の高さがあっていないので親が調節したり、教室内の手洗い場が車椅子では手が届かないので、直してくれるよう申し入れてもそのまま。そのため、学校の許可を得て、親が自費で改修することもあった。

体育朝会が始まるときには、担任が車椅子を押してくれていたが、終わって退場するときに「担任がやるとクラスの子がバラバラになるので親がやるように」とほかの教師が呼びに来たという。

また、時には、はがれた教室の掲示物を張りなおすようにも言われた。このことについては後に謝罪があったとはいうものの、それは学校側の今後の対応を暗示させるものであった。

付き添いがないとプールに入れない

6月も後半に入り、教頭から「今日、お母さんが水泳の授業のときに水着に着替えず、プールに入らなかったが、親の付き添いがプールに入る約束なので、水着でプールに入ることを確認させてください」と電話があった。親の付き添いがプールに入る約束などとは、ご両親も聞いてはいない。しかも、この件については、6月初めに「親が付き添わない日は、見学させるのか」との父親の問いに、「いや、できるようにしたい」と教頭は、電話で答えていたのである。また、母親の体の状態についても学校側に話してあった。まして、水泳の授業は、教育課程にもとづいたものであり、付き添いがないからといって、これに参加させないのは体罰であり、明らかな障害児差別に他ならない。

プールのスロープについて

プールの利用に際して、スロープがないのでその設置方を学校に要望していたところ、いつまでも実現しないので、学校側の了解のもとに父親が取り付けることになった。

教頭の了解を得て、校内にあったアルミスロープを、父親が用意した材料で補強・延長し、プールに設置したところ、その夜、教頭から、「私の想像と違いすぎる」「アルミスロープに穴をあけられては困る」との電話。また、2日後にも、教頭から、同趣旨のことを言われ、結局、学校の用意した材料を使って、あらたに作り直すことにもなった。

新しくつくったスロープの移動・設置については、学校側でやると校長から聞いていたが、教頭がわざわざ校内にいた父親を呼び、いまからスロープを設置するから手伝うようにというのである。障害児の親であれば、手伝うのは当然という意識が垣間見える。

遠足の付き添いについて

学校側から10月5日に予定されている遠足への付き添いを求められたため、その前日、急遽、父親が勤めを休み、学校側との話し合いを持つことになった。

こうした行事に親が付き添うことは、はなはだ不自然であり、本来、学校の責任において行われるべきものであること、付き添いは学校でやってほしいと話すと、校長は、①車椅子の移動に関しては、学校で行なうが、トイレだけお願いできないか。また、②今後については、通学時の介助、25分休みと昼休みのトイレの介助を両親にお願いできないかと言ったという。

遠足については、千聖くんが、以前から楽しみにしており、また、翌日のことでもあるので、トイレの介助に限定して付き添うことになったが、この話し合いで、あらためて介助職員の配置を要望したところ、校長は、「階段昇降機については話をすすめているが、介助員は、前例もなく無理」と言ったとのこと。そこで、「私どもで市教委に要望します」と言うと、「そうですね、まあ、どんどんやってくださいともいえませんが」との無責任な返答であった。

3 「介助職員の配置は初めて」と市教委

そこでご両親は、「実現する会」事務局と相談のうえ、右の事実ならびにそれが障害児差別にあたること、介助員要求の法的根拠を懇切に述べた「介助職員の配置を求める要望書」（内容証明郵便、本書p206掲載）を10月26日、市教委に提出された。

市教委との話し合いがもたれたのは、11月9日。ご両親ならびに「実現する会」事務局員2名が出席。市教委からは桑原主幹ほか1名が応対した。

行政の側には「学校設置義務」があり、これはたんに学校をつくって教員を配置すればいいというものではなく、その子が十分な教育を受けられるような教育的サービスの提供も含まれる。その点からいえば、千聖くんに介助員をつけることは、当然の行政配慮・義務であることやこの間の学校側の差別的な対応について、涙ながらに訴えるご両親や私たちに、桑原主幹は、学校教育で親が関与するのは、「基本的に登下校だけ」と明言した。

そのうえで、川口市では、これまで統合教育を想定できていなかったため、介助員をつけることはしていなかったが、最大限努力して介助員を探すこと、ならびに階段昇降機を来年4月に設置することを約束したのであった。さらに、この間の学校側の対応については、これを指導し、介助員が見つかるまでは、学校の責任で対応させるとも語った。そして、その言葉どおり、翌々日からは、親の付き添いはなくなり、学校側で介助するようになったのである。

ここに水野千聖くんの介助員要求は実現したが、親が声をあげ、子どもになりかわって権利を主張しなければ、事態は動かない。各地でこうした声が巻き起こることを期待したい。

埼玉県　宮永潔

（月刊『人権と教育』373号、2005年1月）

〔資料〕　介助職員の配置を求める要望書

私どもの長男千聖（一九九七年十二月二十四日生まれ）は、現在川口市立前川東小学校の一年一組に在籍しています。千聖は、脳性まひの後遺症により自力歩行が困難で、そのため、車椅子生活を余儀なくされています。また、多少言葉が出にくい面や、動作の機敏性に若干の遅れが認められます。

入学以来、私どもは、息子の通学から帰宅まで、交替で学校に待機し、付き添ってきました。と申しますのは、「付き添う」ことが、あたかも入学の条件であるかのように学校側から言われたことによります。貴職には、これをどのように考えられるのでしょうか。後日、それを真に受けたことが間違いであることを知りました。日本国憲法第二十六条「教育を受ける権利」の建前からいって、学校側が、親の付き添いを要求することは、どのような理由であれ不当なのです。

いうまでもなく、学校教育法に定められている「学校設置義務」は、介助職員の配置をふくめ、ひとりひとりの子どもに十分な教育を保障することを、市町村に義務づけています。したがって、障害をもつ千聖が、ほかの健常な子どもたちといっしょに地域の小学校に通い、そこで学習する権利を保障する責任は、学校及び地方教育行政の任に当たる貴職にあることはいうまでもないことでしょう。

また、後述するように、学校側の対応には、障害をもつ息子や親に対して偏見を持っているとしかいいようのない面が垣間見られるだけでなく、障害を理由とした明らかに教育差別といわざるを得ない事態も起きています。

私どもは、この間、「子どもの最善の利益」を考慮して、機会あるごとに介助職員の配置を学校側に求めてきました。しかし、学校側は、「前例がない」というだけで、自らの責任を放棄したまま、今日に至っています。

千聖の学習権を保障するには、そのような悠長なことは言っておられません。一刻も早く、介助職員の配置を要望するものです。

記

一　障害をもつ息子に対する偏見や障害を理由にした明らかな教育差別といわざるを得ない事態について、以下、いくつかの特徴的な事実のみ指摘しておきます。

① 付き添いがないとプールに入れないことについて

六月二十三日、教頭から「お母さんが水泳の授業の付き添いのときに水着に着替えず、プールに入らなかったが、親の付き添いがプールへ入る約束なので、水着でプールに入ることを確認させてください」と言われました。

「親の付き添いがプールに入る約束」などとは、私どもは聞かされてはいませんでした。しかも、六月九日、「親が付き添わない日は、見学させるのですか」という父親の問いに、「いや、できるようにしたい」と教頭は電話で答えてくれていたのにです。また、教頭をふくむ入学前の打ち合わせの際に、母親は、昨年、椎間板ヘルニヤを手術しており、介助は困難であることを話しておいたにもかかわらずのこのような学校側の対応に、私どもとして失望を禁じえません。

まして、水泳の授業は、教育課程に基づいたものであり、付き添いがないからといって、これに参加させないのは、明らかな障害児差別です。

② プールのスロープについて

プールの利用に際して、スロープがないのでその設置方を学校に要望していましたが、いつまでも実現しないので、学校側の了解の元に私どもで取り付けることになりました。

教頭の了解を得て、校内にあったアルミスロープを、父親が用意した材料で補強・延長し、プールに設置（六月九日）したところ、その夜、教頭からの電話で、「私の想像と違いすぎる」「アルミスロープに穴をあけられては困る」との話がありました。また、二日後にも、教頭から、同趣旨のことを言われ、結局、学校の用意した材料を使って、私どもであらたに作り直すことになりました。

新しくつくったスロープの移動・設置については、学校側でやると校長から聞いていたのですが、六月二十三日朝、教頭がわざわざ父親を呼び、いまからスロープを設置するから手伝うようにと話されました。

このほか、教室の手洗い場が車椅子では手が届かないので、学校の許可を得て、私どもの自費で改修するなど、何から何まで親にさせようというのはいかがなものかと思われます

本来、スロープや水道など、その子に必要な施設・設備については、行政の「学校設置義務」を持ち出すまでもなく、学校側で用意・設置すべき性格のものであることはいうまでもありません。そうした自覚がないままに親にスロープをつくらせたうえに、さらにはいろいろと言ってつくり直させたり、設置までさせるのは、「障害児の親ならやって当然」といった偏見に基づくものといえばいいすぎでしょうか。

③遠足の付き添いについて

学校側から十月五日に予定されている遠足への付き添いを求められたため、その前日、急遽、

父親が勤めを休み、学校側（校長、教頭）との話し合いを持ちました。

こうした行事に親が付き添うことは、はなはだ不自然であり、遠足といった学校行事は、本来、学校の責任において行われるべきものです。私どもが、「付き添いは学校でやってほしい」と話すと、校長から次のような話が出ました。①車椅子の移動に関しては、学校で行いますが、トイレだけお願いできませんか。また、②今後については、通学時の介助、25分休みと昼休みのトイレの介助を両親にお願いできないかと言うのです。

遠足については、千聖が、以前から楽しみにしており、また、翌日のことでもあり、トイレの介助に限定して付き添うことにしました。

しかし、母親にしてもそうなのですが、この間の付き添いは、家庭を犠牲にしたものなのです。障害をもった子どもの親は、そうした犠牲を甘受しなければならないのでしょうか。

この話し合いで、あらためて介助職員の配置を要望したところ、校長は、「階段昇降機については話をすすめているが、介助員は、前例もなく無理」と、あいかわらず同じ答えを繰り返されました。

「学校として、介助職員が要望できないなら、私どもとして市教委に要望します」と話すと、「そうですね、まあ、どんどんやってくださいとも言えませんが」との返答でした。でも、考えてみますと、これもまた無責任な話というほかありません。本来、介助職員を必要としているのは親ではなく、学校側なのです。学校長は、学校教育の公的役割をいかに考えておられるのでしょうか。

二　学校教育法第七十一条には、「盲・聾・養護学校では、それぞれ盲者・聾者または知的障害者、肢体不自由者もしくは病弱者に対して幼稚園、小学校、中学校、または高等学校に準ずる教育を施し、あわせて必要な知識と技能を授けることを目的とする」とあります。しかし、この条文は、たんに「盲・聾・養護学校の目的」を定めたものにすぎず、就学するべき学校を義務づけているものではありません。

また、同条二項には、「前条の盲・聾者または知的障害者、肢体不自由者もしくは病弱者の心身の故障の程度は、政令で定める」として、それが、学校教育法施行令二十二条の三の表にまとめられています。しかし、これもまた、盲・聾・養護学校が対象とする障害の種類と程度を示したものであり、この表の「障害の程度」にあてはまる障害者は、かならず盲・聾・養護学校に就学しなければならないという定めではありません。

これは、日本国憲法第二十六条の「教育を受ける権利」が国民にあることからいって当然のことといえるでしょう。つまり、子どもには、教育を受ける義務などはなく、あるのは「教育への権利」だということです。したがって、義務教育の義務とは、公共側の学校設置義務（教育サービスの提供もふくむ）と保護者（親）の就学させる義務の二つなのです。

ご承知のように、学校設置義務とは、施設をつくりさえすればいいというものではありません。当然、そこには教職員の配置もふくみますし、さらにいえば、その地域の子どもたちの学

211 ●　〈[資料]　介助職員の配置を求める要望書〉

ぶ権利を満足させるような人的、物的資源を整えなければならないことを意味するものといえます。その点で、肢体不自由をともなう息子に対し、介助職員が配置されるのは、当然の行政配慮・義務と考えます。

貴職におかれては、この点を重々ご配慮いただき、障害を負う息子の学習権を保障するべく、一刻も早い対応をお願いするものです。

付記

なお、本文書は、私どもも会員である障害者の適正な教育を受ける権利を実現するべく、全国的に運動を進めている障害者の教育権を実現する会事務局（さいたま市浦和区常盤三―十八―十九　正栄ビル四〇一号　山田方　電話〇四八―八三二―六九六六）と相談のうえ文書化されたことを申し添えます。

また、この文書は、必要に応じて公開されることを付言しておきます。

二〇〇四年十月二十六日

川口市（以下住所略）

水野　正人㊞

水野　敦子㊞

川口市青木二の一の一

川口市教育委員会

教育長　相上　興信　殿

第Ⅲ部

障害ある子を受け入れる

教師の心がけひとつでインクルージョンが

来年は２００５年、「大日本帝国」の敗戦60周年です。いま憲法や教育基本法を改悪しようという動きがあって、来年は一つの山場になるでしょう。その教育基本法が「改正」されるという動きと関連して、障害者教育のなかに差別が持ち込まれてくることが懸念されます。

今年は２００４年ですけど、１９９４年からの10年間を考えてみると、たとえば、湾岸戦争が１９９１年にあり、それから、イラク戦争が２００３年から始まるというようなこと、アメリカ一国の世界覇権主義的な傾向、それからグローバリズムにもとづく第三世界の搾取というようなことが、いっそうあらわに現れてきている傾向が見られます。

それに即応して、たとえばこの間、アメリカ軍のヘリコプターが沖縄国際大学に墜落しました。これを日本の警察が、何もしないで遠巻きに見ているほかなかった。そういう小泉内閣のあり方を見ると、日本が本当の独立国家なのかということを疑わせるものがある。このアメリカの覇権主義が一方ですすんでいます。

同時に他方、国際的に見ると、権利規範が伸張してきているという面も見逃せない。94年に日本が、「子どもの権利条約」を批准しました。同じく94年にスペインのサラマンカというところで「教育に関する世界会議」というのが開かれ、そこでは「サラマンカ宣言」が採択されています。これはインクルージョンの原則を打ち出したたいへん重要な会議でした。国際的には子ども、あるいは障害児の権利を伸長させようという、そういう国際規範が、曲がりなりにも国連やユネスコ、そういうところの動きにみてとることができます。

しかし、問題はこの国際的な規範をどういうふうな形で日本で現実化していくかということにこそあるわけです。

1 障害児の学区校就学——問題提起、現状、批判

私ども障害者の教育権を実現する会（「実現する会」）の基本的な立場をひと言でいうと、「分離こそ差別だ」ということになります。この「分離こそ差別だ」というのは、いうまでもなく制度上の分離ということです。制度的な分離ということは、機能の上で、たとえば盲児なら点字教育を特別にしなければならない。あるいは、知的障害児の場合には、通常学級に在籍し、通常学級で日常の生活をおくりながら、可能なところで通級学級に通わせるというようなこと

を私たちは否定しているわけではありません。これも統合教育ないしはインクルージョンのひとつの形態であると考えるからです。

くりかえしますが、制度上の分離、これは差別である。機能上の分離というのは、これは不可欠になる場合がある。そのことによって障害児たちの権利、学習する権利を、より正当に保障していくということはありうる。これが私たちの基本的な立場です。

「実現する会」は、1971年に発足しました。そして、74年の秋に浦和市（現、さいたま市）に住んでいた浅井一美さんという目の見えない女の子が、学区の別所小学校に入学したいという要求を出し、その話が事務局にもちこまれてきたのです。もちろん、本人ではなくてお母さんの浅井瑠美子さんが出してきたのですが。

それで74年の11月7日に浦和市教育委員会に、その旨を趣意書に書いて内容証明付き郵便で提出し、浦和市教委とわれわれ支援者もふくめて何回も交渉しました。黒沢学校教育課長というのが、当時としてはわりとよく話を聞いてくれたと思います。盲児が地域の通常学級に学籍をもつという経験は、まだぜんぜんなかった時代のことです。

そこで盲児の通常学級就学をめぐる座談会をやったり、新聞にも取りあげさせたり、そういう大衆的なカンパニアをやったりして、通常学級で統合教育を翌1975年の4月に実現させました。われわれが、一美さんを浦和市別所小学校に就学させるにあたっては、別所小学校にたまたまいらした篠崎恵昭先生が、「自分が担任してもいい」と言ってくださったのも一つの力になっていたと思います。

そういうようなことが非常に効きまして、浦和市教育委員会としては、入学させざるをえなかったのでしょう。その年には、一美さんをふくめて6人の盲児が学区の小学校に入学しています。そこで私たちは、この年を盲児統合教育元年とも呼んでおります。

このとき、われわれとしては法律解釈で、盲児が学区の通常学級に入ることはなんら法律違反にはならないという主張をかかげました。学校教育法71条、これは盲、聾、養護学校は、盲児なりそういう子どもたちを教育する機関とあるだけで、盲児は盲学校に入らなければならないと書いてあるのではなくて、盲学校は、盲児を教育する機関、つまり、教育を受ける権利を保障する機関であると書いてある。そうして憲法26条、教育基本法第3条（教育の機会均等）にかなうような方向で「親（本来的には本人）の学校選択権」という法理解釈も、やがて打ちだして、文部省の考える行政の学校指定権の原則に対置して論戦をしていったわけです。

これは、本来なら子どもに権利があるけれども、学齢に達したばかりの子どもが、どういうふうに権利を行使するかということは、障害児、健常児を問わず判断を留保せざるを得ないという面があって、親が権利代行者として臨むという関係にあります。

だから、親（本来的には本人）の学校選択権という法理を打ちだして、あらゆる面から行政を説得する。この基本は今日も基本的には変わってはいません。

ところが、その後われわれとして、ひとつ自己批判しなければならない問題が出て来ました。

どういうことかというと、盲児の場合には適切な盲教育器具、点字教育とかあるいはレーズライターという盲教育器具、そういうものが保障されるなら、健常児と同じように教科の学習に参加できる。体育などもふくめて教科の学習に参加できる。そこに力点が置かれていました。

しかし、精神遅滞児については、やはり制度的に分離するのは差別である。同じ教室空間ないし学校空間、それに同じ地域でともに生きる権利がある。ただ、遅滞児の場合には、いろいろ学校の授業についていけない面がある。1997年、当時の茎崎町教育委員会に内容証明付き郵便で送った菊地翔子さんの学区校就学の要望書に、菊地さんはこう書いています。知的障害児のインクルージョンについて親の立場がよく表現されていると思いますので引用します。

《翔子が、授業の内容を理解できないことも解っています。だからと言って一緒にいることが意味がないとは思いません。翔子なりの学び方があると考えます。掛け算を理解することはできなくとも、クラスの友だちが掛け算を暗唱する声を聞くことはできます。翔子にとっては、それを聞くことが学習です。先生の声に対する子どもたちの反応をまじかに感じることも、翔子にとっては学習です。子どもたちのざわめきや歌声のする場にいること、「翔子ちゃん」と語りかけてくれるいろいろな声を感じて聞き分けていくこと、たくさんの友だちから顔を見つめてもらうこと、手を握ってもらうこと、自分に対して様々な反応を示すことを体全体で感じること、それらすべてが翔子にとっては学習だと考えます。》(『2005年版マニュアル障害児の学校選択』社会評論社刊)

学区小就学を要求する菊地さんなりの学習に対する考え方が明確に出ていて、これは菊地さんが本当に苦労して書いたものだと思います。

また、１９８５年にユネスコの「学習する権利に関するパリ宣言」（「学習権宣言」）がでて、そのなかでこういうことが言われています。菊地さんの考え方に、基礎を提供しているようなものです。

《学習する権利は、未来のために留保される文化的贅沢品ではない。生存の問題が解決した後に初めてでてくる権利ではない。基本的ニーズが充足されてからとられる次のステップでもない。学習する権利は、人間の存続にとって不可欠な手段なのである。》

つまり、学習というものが、たんに飢えの問題やそういうものを解決してから、未来のための担保、いいかえれば、上の学校にいったり、いい学校にいって、いいところに就職したりするために学習する権利があるのではなくて、学習することそれ自体が、日常的な権利なんだということです。飯を食うことが日常的な権利であると同じように、日常的な権利であるという考え方が、ここに打ち出されたのです。

2　実現する会事務局の一つの自己批判

しかし、学区校就学運動を始めた当時、こういう考え方に私たちは到達することができなくて、精神遅滞児については、統合教育は無理なんじゃないかということを、月刊『人権と教育』に書いたことがありました。事務局員のひとりがこれを書いたのですが、事務局の雰囲気がだいたいそうだったといえるでしょう。

これについては、1983年の「実現する会」第12回総会（1983年）で自己批判したところです。

会員の柿沼信敬さんの「重度障害児をもつ親として、自分の息子は（統合教育が）不可能なのだろうと思う。だが、いかに不可能なのだろうか」という問題提起を受けて、事務局として、不可能という表現は、思想の問題をふくめて誤りであることを率直に表明したのです。

それは、統合教育の意味するものが、にわかに何が何でも学区校の通常学級へ入りさへすればそれで事足れりとする軽率は慎みつつも、不可能という言葉で将来を断ち切るかに見える発言は、たんに〝筆の荒《すさ》び〟に止まらない。思想の問題としては、具体的実践の積み上げのなかで可能性の枠を広げていく方向が追求されなくてはならないというものでした。

そして、先ほど紹介したユネスコ「学習権宣言」の考え方を受けて、私たちは、あらためてこの自己批判を公にしています。

これも月刊『人権と教育』164号（1987年）に載せました。少しばかり長くなりますが、運動をすすめるうえで大変重要だと思われますので左に引用します。

《たとえば私たちは、八〇年の第九回総会で、「私たちは、何を、どう要求していこうとするか—『障害者の教育権を実現する会』の主張」という文章を採択し、それを本紙八五号に掲載しましたが、それといっしょに右文書の「解説」が同じ号に掲載されています。そして、その「解説」のなかには、就中《なかんづく》つぎのような文言が見られるのです。

〈『主張』において、学籍の平等の保障と、可能なかぎり統合教育（主たる学習を普通学級のなかで健常児とともに行う形態）をめざすことを明記しながら、障害児学級の必要性に言及しているのは、とくに重度の精神薄弱児においては統合教育が不可能であろうと予想されるからである。〉（傍点引用者）

右は事務局員個人の文責となっております。しかし、他の事務局員も、右「解説」を本紙に掲載するについては、当該時点で同意を与えていた訳ですから、責任を分担しなければなりません。私たちは、もちろん、「障害者たると健常者たるとを問わず、すべての児童・生徒は、学区校の普通学級に学籍を有する権利を保障されなければならない」という、はっきりとした権利論上の視点を、その時点で打ち出しておりました。しかし、「重度の精神薄弱児においては統合教育が不可能であろうと予想される」といわれる「予想」を立てるのは、運動の側が、この「予想」に手を縛られることにもなりかねないと、いま考えるところとなったのです。

そういったからとて、私たちは、現在のような障害児教育にたいする、選別・別学を基軸とする文部省路線が強固に貫かれているとき、たとえば養護学校へお子さんを通わせている親御さんを、にわかに非難することは致しません。それは運動の側から為すべきことではないと考えるからです。また、普通学級に学籍を有する障害児にたいして、個別指導が（機能上の分離もふくめて）不必要だなどといっているのでもありません。

問題は、そういうところにあるのではないのです。文部省による選別主義の路線とのたたかいを推し進めていくにさいして、「重度の精神薄弱児においては統合教育が不可能であろう」と、そうあらかじめ「予想」してしまうことで、運動の側として自らこの「予想」に手を縛られてしまい、そのことで反権力の撃発力を弱めはしないかと危惧されるので、この点を自己批判したいということなのです。と同時に、わずか一行程度の文言にしても、私たちの運動について、もし誤ったイメージを与えかねないものは、ここではっきりと取り消しておきたいということなのです。》

そういうことで70年代の終わりから80年代にかけて精神遅滞児の統合教育をすすめることになります。この場合にも、ユネスコ「学習権宣言」その他を持ちだして教育委員会とたたかうということもありましたし、「親（本来的には本人）の学校選択権」を前面に押したてて、この子にとってこの学校が適しているんだという親の自覚とドッキングさせて要求していった。たとえば、先ほどの菊地さんの場合には大衆的な運動が起こって、そうしたたたかいが行われたわけです。

行政側の態度を見れば、少なくとも教育委員会レベルでは、親が強力に主張していけば、学区校就学ということがそれほど困難ではなくなってきているという面は認められます。

ただ、親のほうに学区校就学という問題意識が希薄化してきているという面もあります。子どものときからいわゆる3歳児健診とか何歳児健診というので、「将来、この子は養護学校ですね」なんてことを言われて、そういうふうなレールに乗せられてしまう。たとえば、大宮のダウン症児父母の会なんかでも地域の通常学級に行かせようという問題意識が希薄化しているということを、羽生田千草さんなんかは言っていました。

では、行政の態度変更は、なぜ起こってきたか。われわれをふくむ対行政闘争というものを考えてみると、場合によっては教育委員会に口頭で申し入れる。もし、口頭で申し入れるだけでは不安であれば、文書にして持っていく。持っていったら受けとりをもらわなくちゃいけません。そして、交渉相手は教育長一本にしぼる。とはいえ教育長というのは市町村にひとりしかいませんから、いつも教育長に会えるとは限らない。そこで内容証明付き郵便で出す場合には、「何月何日うかがいますので、教育長または教育長権限を代行できる方の在庁を願います」と問題を提起していく必要がある場合もでてくるかもしれません。

ところが最近、親の方で、要望書を出す場合に、子どもの生育暦とか自分の子どもについては、学区小が適しているんだということを一生懸命説明するけれど、かんじん要の法律解釈や世界的なインクルージョンの潮流そのほかについて書くのを控えてしまう方がいます。

もっとも大切なことを控えてしまう。法律解釈なんてことを言うと、向こうが気を悪くするんじゃないかというのでしょう。教育長が気を悪くしようがしまいが、そんなことはこちらの知ったことではない。要は子どもの権利が保障されればいいわけです。そこのところをとくに強調したいと考えます。

しかし、ここでの私の話は、法律解釈が中心ではありません。その点で不十分ですので、私たちが出している『2005年版　マニュアル　障害児の学校選択』や『マニュアル　障害児のインクルージョンへ』（いずれも社会評論社刊）を、線を引きながら一生懸命読んでいただきたい。菊地さんの先ほど読み上げたところなどは、3回は読んでもいい文だと思います。

こんなふうに、対行政闘争が蓄積されてきています。その一方で行政のほうが、軽い障害児と重い障害児とを分けて、軽い障害児についてはどんどん入れるということをやって、分断、差別を持ち込んできている。そういう潮流のなかで、障害の重い軽いにかかわらず、「実現する会」の方針どおりにやれば、わりと簡単に通るわけです。そういう状況が現れてきています。これは闘争の蓄積の結果だといえるでしょう。

もうひとつは、先ほど国際的潮流として「サラマンカ宣言」のことを言いましたが、そのなかでインクルージョンの原則ということが言われています。旧来は、統合教育といわれていましたが、それに替えてインクルージョンということが言われるようになった。インクルージョン（inclusion）というのはインクルード（include）という動詞の名詞化したものです。インクルードというのは「包み込む」というほどの意味で、インクルージョンは「包み込み教育」と直訳できるけれど、包み込み教育だと風呂敷に包み込むというような感じがあって、なんだかなじまない。それでインクルージョンという片仮名言葉を使っています。

統合教育とインクルージョンの違いをひとことで説明すると、統合教育というのは、既存の通常学級に障害児をむかえ入れてそこで対処する。インクルージョンの原則というのは、ある地域ならある地域に住んでいる学齢にある子どもは10人10色である。あるいは30人なら30色である。このなかには当然障害児もいる可能性がある。それもふくめて全部包み込んで、あわせて個々人にあった教育をしなくちゃならないという考え方が一般化してきているということです。ぼくなんか子どものころいたずらっ子で、5年生のときだったか、教室が2階になったのでうれしくて、教室の外側の桟にぶら下がって怒られたことがありますが、そういう子どももいる。もちろん、そういう子どももインクルードしていかなくちゃならない。

しかし、インクルージョンということが言葉として人口に膾炙《かいしゃ》してくるという状況のなかで、文科省もインクルージョンということを言わざるを得なくなった。全日本手をつなぐ育成会なんかも言ってますが、ぼくなんかとは解釈がちがう。どう解釈するかをめぐっても論戦していく必要があると思います。

3 就学してからの心のカベ

行政のカベは、正当な論理にもとづいて説得していけば突破することができる。ところが、就学してからの心のカベといいますか、主として教育現場のカベがあります。一般的に心のカベについていえば、菊地絵里子さんが、月刊『人権と教育』367号に一文を寄せてくれています。地元の学校でなぜ心のカベがあるかというと、「普通学校に障害を持つ子がいないことが前提になってすべてがはこばれている」からだとひとことで言っている。まさに渡辺丈子さんのお子さんの健太郎君の担任なんかそういうものだと思います。

また、校外学習に際して親が有償で介助員をつけろという話を最近よく耳にしますけれど、同じ号の高橋由紀子さんのレポートのなかにも、こんなふうに書いてあります。対象児童は高橋早輝《さき》さん、車椅子のお子さんです。

《土手越え時、「どの先生も介助できない」と言われ、クラスメートの母二人に私が声を掛け、私を含め4名で土手越えの介助をする。帰りも同様に介助。トイレは別の有償ボランティア（保護者が手配・費用負担）の車の中で取り替える。》

義務教育というのは、行政のほうに義務があるわけだから、公立の学校で親に（親に金を出させて）有償のボランティアを雇わせるなんていうのは論外ですけれど、親に介助をさせるということももちろん間違いです。しかし、そういうことが現実の問題としてある。さらに同じ号に中鉢美津子さんが書いていますが、これも驚くべきことです。

《配慮にあたっては、担任と保護者の話し合いが必要不可欠なはずなのに、話し合いがもたれたことは一度もない。こちらから申し込んでも、「忙しい」となかなか応じようとしない。

F先生やWさん（介助員）がつくと、担任は任せきりで、自分から正樹に積極的にかかわろうとしなかった。

「私は一生懸命やっているんです」というが、何をどう一生懸命やっていたのか、私には全然分からなかった。

つぎに月刊『人権と教育』368号の渡辺丈子さんのレポート（第Ⅱ部に掲載）。レポートとしてはたいへん優れたものだと思いますが、こういうのを読むとむかっ腹が立ってきて、思わずその担任に電話して怒鳴りつけたい思いに駆られます。以下の引用は、担任と丈子さんのやりとりです。

《担任「ここは普通学級ですよ。お母さんは普通学級にいれたんですよ。皆と同じようにするのが当たり前じゃないですか？」

私「えー？　普通学級は何も健常児だけのための学級じゃないんですよ。それは法的にも配慮が必要な子が入ってきたら、それをやるのは当たり前のことじゃないですか」

担任「だから、私はしてますよ。前にはもっとひどい子だってみましたよ」

私「もっとひどい子ってなんですか？　失礼じゃないですか」

担任「お母さんは人の言葉じりをとって卑怯じゃないですか？」》

つまり、インクルージョンの原則から言えば、健常児だろうとひとりひとり別の個性がある。障害児だってそのなかのひとつの個性があるわけです。集団で教育を保障しながら、同時に、個別的な配慮をするというのは当たり前なことなのです。

しかし、こういう言葉は通じないんでしょう、この担任には。「だから、私はしてますよ。前にはもっとひどい子だってみましたよ」なんてことを言う。これは本当にひどい言い方ですね。そこで渡辺さんが「もっとひどい子ってなんですか。失礼じゃないですか」といったら担任は、「お母さんは人の言葉じりをとって卑怯じゃないですか」という。言葉じりって、菊地翔子ちゃんの学区校就学を要求しにいったとき、茎崎町の教育長鈴木明夫が、入学を許可する、なんて言うから、許可するとは何だといったら、「人の言葉じりをとって」なんていいましたが、これは驚くべきことです。

問題は、先ほど読み上げた菊地さんのひと言、つまり通常学級には健常児が入ってくるんだ。障害児はそこにいるべきではないんだというような意識が、まだまだ現場を支配している。それは、ここ二十数年程変わっていないんじゃないか。教育委員会に行けば、まさかそんなことはいわないと思うけれども、学校現場ではそういう状態だということです。

4　カべをどう超えるか

まず、第一に子どもには、差別意識はないということです。翔子ちゃんが入学したときに遠足があって、車イスに乗った翔子ちゃんが、みんなから遅れたときに「翔子ちゃんおくれているよ」と言って、クラスの子どもたちは翔子ちゃんを待っていてくれた。子どもは自然発生的にそういうことをやるんです。

月刊『人権と教育』368号に高橋由紀子さんが書いているように、早輝ちゃんの場合、友だちに誘われてドッジボールに参加します。

《ある日、私（母親）が車椅子を押して校庭を横切っていると、クラスで一番元気なA君が「早輝も一緒にドッジボールしよう」と誘ってくれました。私は迷うことなく娘の車椅子を押し、コートのなかへ。最大限の速さ（娘を振り落とさない程度ではありますが）で参加していると、A君が私ではなく娘めがけてボールを投げてくるのです。いつもの10％位の力で――。しかし確実に娘めがけて。ボールが娘に当たり、娘と私はルールに従い、コートの外へ。10％の力という配慮のもとで、形式上の参加ではなく皆と同じ形で参加できたのです。子どもたちは、障害のある子への〝配慮〟という学習をし、娘はお友達のやさしさによって〝一緒に学ぶ楽しさ〟という学習をしました。》

つまり、教師の心がけ一つで、インクルージョンていうのは、どうにかなるものなのです。いや、それが一番肝心なところといえるでしょう。教師が障害児にも健常児にもどういうふうに語りかけ、対応するかということが重要だと思うのです。

たとえば、篠崎さんがやられた実践だけれども、1時間の授業で、5分でいいから、その子に語りかけたり、様子をみたりする時間をとるように心がけたといいます。その時間に名前を呼んだりすることもできるというのです。もっとも初歩的な心がけが、ちょっとした工夫でできる。それを篠崎さんはやられていたということです。小さな子どもなら、頭をなでて、語りかけるもよし、ノートの見直しでもよし、どんなことでも、やれることを少しずつやればいいんです。5分というのは、象徴的な言い方で、1分でもいいし、また6分でもいいんじゃないでしょうか。つまり、心がけ、心構えの問題ということです。そうすると、それは確実に子どもたちに影響を与えてきます。

それから、野村みどりさんの場合には、以前に、こんな話が月刊『人権と教育』に書かれていました。小学2年生の筋ジストロフィーの子どもを担任したときのことです。学校のなかで地震の時を想定して避難訓練をやったときのこと。筋ジスという障害は歩行困難をともなうケースが多く、あわてて多勢がいっぺんに避難する場面などではとてもいっしょに歩けないので、その子をおんぶして行動し参加させたのです。

場合によっては、そういうことに参加させないですまそうとする50代半ば過ぎの女性教師がいたりすると聞いたことがあります。なかには、ほっときなさい、手を貸してはいけないという教師もいたりする。歩けない子どもを一人で放っておくことは、差別ではないでしょうか。

そうした時、まわりの子どもたちのなかには「ひろくんばかり、ずるいなあ。おれもおんぶしろ」という子どももいたりします。そんな時に子どもたちに納得させる話を、このときこそチャンスとばかりにする。野村くんは障害や病気について、当たり前にみんなでしなくてはならないことを、子どもにわかるように例を考えて話して聞かせたというのです。そんななかでだんだん子どもなりの見方も出来てくるのです。

またあるとき、同じ代用教員時代の出来事で、新鮮な思いの時に、事故が起こった。すべり台という遊具が故障していて穴があいたような状態があって、そこに足を入れてしまってケガをしてしまった子どもがいた。そしたら、校長に呼ばれて、なんと聞かれたか。ケガの具合はどんなですか、ではなくて、親はうるさい親かどうかといったというのです。これには参りました。学校というところでつとまるかどうか、悩みましたと話していたことを覚えています。

教師には、だいたい3つの型があります。どうしようもない**差別教師**。たとえば、渡辺丈子さんが書いているところの教師。そして、以前に羽生田千草さんが書いていたことがありますが、迎えに行くと小学校でわが子優ちゃんが廊下でひとりつくねんとしょんぼりしている。なぜかといえば、一所懸命描いた絵を担任がぜんぜん見てくれようとしない。ほかの子どもたちは、ならんで教壇のところに提出しに行っていたそうなんです。つまり、担任は、優ちゃんを相手にせずに、差別していたのです。これはほんの一例です。我慢に我慢を重ねていたのですが、堪忍袋の緒が切れた。学級のなかで差別扱い、無視を繰り返す教師だったんです。だから担任を替えさせる運動を起こした。できるんですよ、教師を替えるなんてことは。山下澄子さんも担任をかえさせています。

それから2番目は、心構え一つでなんとか見守ろうとする**変化教師**。1年間面倒をみて、自分も変わったと振り返る教師。学級通信などで、やり取りをしてみて、「1学期、そして1年間過ぎて、たいへん勉強になりました」とかいてくる教師も多いのです。これは専門家でもなんでもない、素人教師ですね。文科省ではよく専門家というけれど、専門家なんていわなくてもいいんです。

3番目には、石川愛子君のような場合。石川学級を通級制でつくってしまうんです。親学級の宮坂先生と組んであきよさんという子を担任して、記録をとっていく。行政は特殊学級の担任として石川という教師を配置するのですが、石川君は、校内での生活はみんなといっしょにしていて、1日に1時間から2時間を通級して生活する。そういう通常学級での生活を基本にするやり方、〝カバンもクツもいっしょ〟を合い言葉にして、校内通級制につくりかえる。こういうことは、教育論上の問題じゃなくて、心構えひとつでできるんです。

そして、ある日こんなことが起きた。『遊びの発見 ことばの獲得』（石川愛子、社会評論社）から引用してみます。

《放課後、私は教室で教材準備をしながら睡魔におそわれ居眠りをしかけていたときだ。階下に「おい、石川学級！おい、石川学級！」という声が聞こえる。ただならぬ響きに窓外を見ると、五年生くらいの男子が三人いて、中の一人をからかっている言葉だった。とっさに「ちょっと教室まで来てくれない」と呼びよせた。

上手に言い聞かせられるか自信はなかったが、いま話をしなければと思った。てんかんの発作で知恵おくれのあるY君や筋ジスで知恵おくれもあるM君、ことばが上手に話せないS君やあきよさん、だれもがなりたくてなったわけではないのに、それをバカにすることばにつかうなんて、ここに通って一生懸命勉強している人に悪いと思わないかというようなことを静かに話した。思いのほかわかってくれて、反省して涙をながしている子もいた。その後、校舎で会うとニッコリしてくれたのは嬉しかった。》

ほかにも、石川君は、特殊学級担任手当を受け取らなかった。きちんと校内で積み立ててもらって、石川学級の教材や教具を買うことにつかっていた。統合教育をめざす人間はうけとらないという姿勢です。

また、こんなこともやっています。

《交替の早い管理職はこういうやり方（前記）に慣れていないので往々にして間違えやすい。ある教頭は学校だよりに各クラスとともに石川学級七名と記した。配布前に気づき考え違いを質したら、全部の人数表記をやめ、そこにカットを入れて刷り直したこともある。

一九八六年のPTA広報に、あるお母さんが「四年三組の子たちとともに石川学級の子も屋上アスレチックを楽しんだ。」と屋上アスレチックの紹介をかねて記事を書いていた。そのお母さんが好意的に達ちゃんを見てくれているのはわかったが、「達ちゃん」あるいは「障害ある子」と書いてくれればいいのにぼかそうとして間違えた。私は次の広報に「達ちゃんは石川学級の子ではなくて、4年3組の子です。」という趣旨をやわらかく書いて投書した。本人やクラスの子はみんなそう思っているのだ。お母さんたちにも旧来の障害児学級のイメージを払式し、通級学級を知ってもらういい機会とも考えた。》

こういう教師がいるんです、専門家でもなんでもない教師が。教師としてのあたりまえな態度を取れば、心のカベなんて起こりようがない事がおわかり願えると思います。つまり**差別教師と変化教師**（変化する可能性のある教師）と最初から**いい教師**と3つにわけられると思うのです。いま、いい教師といいましたが、考えてみれば、それは当たり前な教師なのですね。まじめで校長の話ばかりに耳を貸していて、子どもの方に向かない教師も多くなってきている昨今、心のカベを突破することができるような、当たり前の人間的な想像力を持ちえていればいいんじゃないのかなと思っています。私は、インクルージョンがうまくいくかどうか、まず第一に教師の質にかかっていると思いますので、そういう観点からいくらか例をあげて考えてみました。

埼玉県　**津田道夫**

（『増刊・人権と教育』41号、2004年11月）

〔付記〕以上は、2004年8月22日、「実現する会」夏季合宿「人権と教育フォーラム2004」で報告した録音テープを起こしたものに、津田が大幅に補筆したところです。

理解おくれの子どもたちをどう捉えるか

1　知的障害とは

政府・文部科学省の方針は、実質的な分離主義の堅持、うわべだけのバリアフリーということで一貫しています。せいぜい障害にかかわる用語の変更ですこしでも旧来の蔑視的表現を改めようということなのでしょう。しかし、そのすべてが妥当といえるかどうかは疑わしいところです。

一九九九年四月、障害者（福祉）関連の用語として、従来の「精神薄弱」に替えて「知的障害」が採用され、関連法規の条文改正がなされました。すなわち、法制度上では精神薄弱の言い換えとして知的障害が採用されているわけです。

私は『知恵おくれと自閉』（社会評論社、一九九五年）で、「精神遅滞」の用語を採用して以来、今日までこの精神遅滞という表現を替える必要を認めていません。私は「精神薄弱」という用語が、精神というものを実体として固定化し、そのうえでその固定化した精神からの逸脱のありかたとして「薄弱」と特徴づけるというスタティックな発想に立脚していたことを指摘し、「精神遅滞」を採用したのでした。精神遅滞という用語ですと、どんなに障害があってもすべての人間が発達する可能性があり、その発達の過程にあるという思想を前提とし、そうしたプロセスのなかでの「遅滞」という性質への特徴づけはおおよそ妥当であろうと考えたわけです。

したがって、精神遅滞そのものを「知的障害」と言い直す必要を感じないのですが、それでは「知的障害」という用語はいらないのかというと、そういうわけでもありません。「知的障害」というのを実体化したありかたとしてではなく、知的機能の障害という、一つの機能の問題として捉えることができます。そうした機能（障害）の概念として新たに採用しうるということです。

精神面での障害や遅れのある子どもたちは、遅滞や自閉の他にＬＤ（学習障害）やＡＤＨＤ（注意欠陥多動性障害）などさまざまに「診断」されています。しかし、そうした判断の基準はきわめてあいまいです。あまつさえ、一般にいわれているもろもろの障害の区分には誰をも納得させるだけの理論的な説得力に欠けると言わざるをえません。私は「知的障害」の概念、用語がその理論的な整理にきわめて有効ではないか、と考えています。

知的障害の場合、多くは脳の先天的ないし後天的な発育の障害ないし遅れがあり、そのため知的能力の発達が遅れ、社会生活への適応に困難が認められます。精神遅滞はその典型と言っても過言ではないでしょう。

2　自閉と情緒障害はちがう

次はいわゆる自閉症です。自閉症の概念を最初に提起したカナー（L.Kanner）によると、その本質的な特徴は次の二つであるといわれてきました。

（一）人生のはじまりからの極端な孤立と、外界からやってくるあらゆることに対する無反応

（二）同一性保持への強迫的な願望

です。（一）については説明の必要もないほどですが、要するに親も含めて他人との関係を持つことができず、コミュニケーションを発展させることができないということです。したがって、この特徴は子どもの言葉の使いかたにかなり典型的に現れてきます。こうした子どもたちの言葉はコミュニーケーションすなわち意志の伝達のために用いられないということです。駅の名前や動植物の名、コマーシャルのセリフや歌などを無目的にしゃべりつづけたり、いわゆるオウム返しの「反響言語」を話したりするわけです。母親に「ミルクをあげよう」と言われ、同じ「ミルクをあげよう」という言葉でミルクを要求するなどそうした例です。

（二）は、自分の行動パターンを厳密に守ろうとすることです。誰しもその生活行動は習慣にしたがって行っているものですが、その時々の条件にしたがって行動を変えています。たとえばいつも運動靴で学校に通っているが、雨のときは長靴を履いて行くなどといったことです。しかし、自閉症児は自らの行動パターンの同一性を絶対に保持しようとするわけです。日課、家具の配置、様式、日常の行動の順序の変化は子どもを「絶望に追いやる」とカナーは述べています。

自閉児の場合、集団の約束事を実行するのにも特有の形を取ることが多いのです。友だちと協調しながらやることはほとんどないといってよいでしょう。あきよちゃんは一年生のとき『みんなのきゅうしょく』という絵本を一ページずつめくりながら、中の絵に合わせて行動していた。『てをあらいましょう』のページを開いたまま小脇にかかえて手を洗い、『いただきます』の食べているページを机の上に開いて食べ始めるというふうである」（石川愛子『遊びの発見 言葉の獲得 統合教育もう一つの試み』、社会評論社、四〇～四一ページ）といった例もあります。

これは他の人間とのかかわりの拒否ということと深くかかわるでしょう。人間ほど活動的で多様性と変化に満ちた存在はないし、こちら側のふるまいかた一つで予想もしないような変化を見せるのが他人という存在です。考えてみれば、同一性を保持すること、すなわちいつも変わらぬ同じ行動パターンを絶対的に守り抜くためには、他人とかかわってはいられないということではないか、と思います。そうであればこそ、自閉症児は物に関心を集中してしまうわけです。

カナーの問題提起以降、自閉症研究は錯綜をきわめています。ごくごく、単純にその原因論を分類してみても、伝統的なカナーの自閉症論があり、ベッテルハイムなどの心因説があり、リムランドなどの脳器質障害説、ラターなどの認知障害説などがあります。最近の中根晃氏の説は、「自閉症が中枢神経機能の知覚過程などの部分的障害に起因することは疑いない。今後、その部位や系が同定されることによって疾患学的解明がもたらされるであろう。いずれにせよ、自閉という心理機制で自閉症を理解する時代は終わっているのである。」ということで、いわば脳器質障害説の全面勝利ということでしょう。

ここで、自閉症の原因論について決定的な判断をするつもりはありません。ただ、たとえ器質障害が明かになったとしても、私は「自閉という心理機制」をまったく無視するような研究には疑問を持たざるをえないのです。もし、認識論的な分析などが価値がないということになれば、自閉児の認識への教育的な働きかけは無駄になり、すべては医学的治療まかせということになる他はないからです。事実、脳の一部位である脳幹網様体の障害に自閉症の原因を見いだそうとしたリムランドは、精神興奮剤やビタミンなどの大量投与、つまり薬物療法に依存せざるをえなかったのです。

私たちは、脳障害にもとづく精神遅滞児の場合でも、インクルーシヴな教育環境こそが不可欠であり、そういった環境のなかでのその子のハンディキャップに根ざした個別的な配慮というものがなされなければならないと考えているのです。

同様に、自閉児を教育的働きかけの対象として理解するのは当然です。そのためにはその認識・行動のありかたに着目し、分析していくことは今後ともきわめて重要であると考えています。原因が脳機能障害であるかどうかにかかわりなく、自閉児の認知の構造に注目してその障害として解明しようとするラターなどの認知障害説も根強いのです。

さて、自閉児の認識の特殊なありかたはやはり、自閉児が親もふくめて他の人間との関係に入っていくことが困難であるということと切り離しては考えられないと思います。なぜなら、母子関係がその典型であるのですが、それは認識の面からいうと、他人の気分との同一化、換言すれば他人の気分と自らの気分をかよいあわせ、そのことによって気分の安定をもたらすことです。

自閉児はこの他人との気分の同一化が困難なため、親を行動の基地として、安心の基地として生活するのが難しいということがあります。そのことで、コミュニケーションが困難となってしまいます。ここから模倣ないし模倣行動から脱却するのが困難になるのです。

どういうことかといいますと、私は自閉児の「反響言語」のことを言っているのです。自閉児の特徴が「人生のはじまりからの極端な孤立」とはいえ、これは完全な孤立ではありえないわけで、小澤勲氏がいうように、自閉児は対人接触をまったく欠いているのではなく、対人接触に歪みや遅れを有しているのです。自閉児の「反響言語」はその歪みないし遅れの一つの典型です。

自閉児が親の言葉を模倣するかぎり、それなりの対人接触が成立しているのですが、その模倣はいつまでも模倣という段階に留まりつづけることになります。私は幼児の言語獲得の過程を喃音・言語模倣表現・言語という発達の道筋をたどるという仮説をもっていますが、そういう私の立場からいうと、自閉児のいわゆる反響言語は言語模倣表現の段階で留まっているというふうに理解するのです。

言語模倣表現の段階にとどまっているということは、わかりやすくいえば言語のように聞こえる発声はするのですが、しかし本人にはまったく意味がわかっていないということです。表現を支える認識はものごとを概念的に理解したものではなくて、せいぜいイメージの段階にあり、それに「ミルク」「あげましょう」といった音韻のイメージを結びつけて表現しているにすぎないのです。

自閉児は目的にあった行動ではなく、みずからが置かれている状況と関連のない「言葉」を執拗に反復したりする場合が圧倒的に多いのは周知のところです。駅の名前とか、テレビコマーシャルのフレーズや歌などを繰り返してしゃべったりしています。その意味で、自閉児は視覚的なイメージ（犬なら犬に対する視覚表象）と音韻表象（この場合は「イヌ」という音韻表象）を結びつけないので、実際に発声される表現は状況と無関連な「言葉」、実際には音韻表象の表現のみということになってしまいます。これが自閉児の場合、言語模倣表現の段階にとどまっているという意味です。したがって、視覚表象と音韻表象とがしっかり結びついた模倣表現ではないので、その模倣表現を支える認識が概念的認識に高まるということがきわめて困難にならざるをえないのです。

ただ、遅滞児に特徴的な、表象そのものもなかなか形成されにくいということではないので、単語だけではなくてそれなりの長さの文表現の模倣もできる場合が多いといえます。お母さんから「ミルクあげましょう」と言われて、そのまま「ミルクあげましょう」とオウム返しをするいわゆる反響言語も可能になるのです。しかし、これはもちろん概念的認識に支えられたものではないので言語模倣表現以外のなにものでもなく、コミュニケーションのために表現されたものとは言い難いのです。

また、先ほど述べましたように、親とのあいだで気分を通いあわせることが困難だと、コミュニケーションを発展させようという意欲を自らの認識内面に培っていくことができず、子どもの表現が意志伝達のための言語へと発展していくきっかけをつくることができないのです。自分の思いを伝えたい、また相手の思いを理解したいという意欲があればこそ、自分が観念の上では他人となって他人の立場にたちながら他人の言うことを理解するという観念的二重化も可能になるのですが、自閉児には困難なことです。

これを要するに自閉とは何かについての定義を試みるとすれば次のようなものになるのではないかと考えています。

自閉とは先天的ないし後天的な何らかの原因によって他人とのコミュニケーションをはかれず孤立し、その結果、社会生活上必要な自律的意志の確立が困難な状態をいう。

ところで、自閉症と情緒障害との関連はこれまで、きわめてあいまいなままで語られてきたと言っても過言ではありません。たとえば、一九七四年に出された全国情緒障害教育研究会編の『情緒障害児の教育』の2巻は「自閉症児」を扱っていました。また、日本の自閉症研究の草分けの一人である石井哲夫氏は、情緒障害という概念に自閉症を包括させているのです。さきほども述べましたが、自閉症には他人との情緒的交流の拒否、各種の常同行動、反響言語等、情緒面の特異なありかたを示す特性があり、いわゆる情緒障害と類似の、あるいはかなりの共通面を有するのであって、全国情緒障害教育研究会や石井哲夫氏のように、自閉症を情緒障害の特殊なありかたと捉える考え方もそれなりの根拠があるでしょう。社会の常識的見解ともいえそうです。

しかし、私は自閉症とか情緒障害というふうに総称されている子どもたちは、明かに異なる二つのグループに大別できるのではないか、と考えています。それは現象的には言語コミュニケーションをすることができるか、そうでないかということです。これは言葉のような発声をするかいなか、ということではないのです。俗にオウム返しといわれる反響言語やその子が置かれている状況と無関係な発声、たとえばコマーシャルの音楽やフレーズを繰り返し言うとかは、言語に似ていても、他人との意志疎通のための言語表現たりえていないのは明白で、これらはコミュニケーションとしての言語ではないわけです。そして、言語コミュニケーション（端的に言語といっても同じ）が可能なのは、すでに述べたように概念形成がその認識内面で可能な子どもであるといえます。つまり、この概念形成が不可能あるいは著しく困難な子どもは言語表現が困難であり、まさに知的障害をおうていると言っても過言ではないのです。

一方、情緒障害の傾向のある子は、「みんなそろって」とか「力をあわせて」とかの集団行動に協調していくことがなかなか難しいのです。しかし、コミュニケーションそれ自体は可能です。佐藤哲郎が担任した山本君（当時小学5年）は理科や家庭科など彼の好きな教科はすすんで授業に参加するのですが、「それが、他の教科となると、さっぱり関心をしめさず、自由帳に細かく絵を描いている。私も言い、となりの子も注意してくれるのだが生返事。絵を描くのをやめない。自由帳を取りあげると、『かえせよ』と私にまとわりつき、あげくは鉛筆を投げだしてパニック」（佐藤哲郎「担任したら面白いだろうな」より、石川愛子・宮永潔編『マニュアル障害児のインクルージョンへ』、社会評論社、所収）になってしまうのです。しかし、いったんパニックの嵐が過ぎ去ると、「わかった」と言って担任教師の言うことにしたがうということを繰り返すのです。

すなわち、私が言いたいのは次のことです。自閉症あるいは情緒障害といわれてきた子どもたちのうち知的障害を有する子どもたちを自閉症と概念化し、知的障害を有しない子どもたちを情緒障害と再把握するということです。そして、これまでのように自閉症を情緒障害と同一視したり、情緒障害の特殊な一種として自閉症を理解したりはしません。むしろ、自閉症は知的障害を有するゆえに、精神遅滞と包括していくことが妥当ではないかと考えています。このように理解すると、言語コミュニケーションを行い、テレビドラマにまで登場したいわゆる高機能自閉症などはむしろ情緒障害の一種とみることができます。右にみた山本君も同様です。これまで、自閉的だが、他人と意志疎通できる子は自閉症というより情緒障害であり、他人との言語コミュニケーションが困難な子で情緒障害と呼ばれてきた子は自閉症あるいは端的に知的障害として再把握するべきであると考えるのです。

このような分類をすると、なぜ知的障害のあるのを自閉症としたのか、逆に情緒障害のほうに知的障害があるのではないかとか、そもそもこういう分類は恣意的だとかの批判が出そうです。しかし、とくに情緒障害一般ではなく自閉症の特徴として挙げられる同一性への極端な固執や反響言語などは概念的認識の欠如すなわち知的障害を推測させるにあまりあるものです。したがって、言語の表現と理解の面で障害をもたない子で自閉症と呼ばれてきた子などはむしろ情緒障害とみるほうがよいのではないかと考えるのです。

3　LDとADHDをどう考えるか

ここ数年、知的障害そのものではないとされながらも、知的障害に準じた教育困難を問題視されているとして学習障害（Learning Disabilities＝ＬＤ）や注意欠陥多動性障害（ＡＤＨＤ）があります。学習障害とは、一般に、基本的には全般的な知的能力の遅れはないとしながらも、聴く、話す、読む、書く、計算する、推論する能力のうちの特定のものの習得や使用に著しい困難を示し、中枢神経系に何らかの機能障害があると推定される、といわれています。大切なことは、視覚障害、聴覚障害、知的障害、情緒障害などの障害や、環境的要因が直接の原因ではないとされていることです。

注意欠陥多動性障害（ＡＤＨＤ）はそれまでの微細脳機能障害にかわって米国精神医学会によって概念化され命名されたものです。また、注意欠陥多動性障害とは、その主症状を①不注意、②過活動、③衝動性、④広汎性にわけられるといいます。「不注意 inattention は他のことに気を取られやすいこと（注意転導）注意集中維持の困難、注意配分の悪さ、注意集中を必要とするような課題に手をつけようとしない、などで、過活動 hyperactivity は座っていてもすぐ歩き回る移動性多動、絶えず身体を動かしている非移動性多動、過度に騒がしかったり、はしゃぎ過ぎ、集団活動からはみだしてしまう、などである。衝動性 impulsivity としては日本語でいう「衝動的」というニュアンスではなく、教室などで、質問が終わらないうちに出し抜けに答えてしまうことや、列に並んで待っていられず、ゲームや集団の場で順番が待てない、他人を阻止したり、他人の会話に割り込んだり、社会的に遠慮すべきところで不適切なほどに過度のおしゃべり、などのようなせっかち、出しゃばりといったニュアンスであり、これが診断項目にあげられている。これらの基準が学校と家庭とかのように複数の場で満たされる（広汎性）こと」（中根晃前掲書、一三二ページ）とその基準をあげています。

留意しなければならないのは、このＡＤＨＤは知的障害をともなわないとされていることです。ＡＤＨＤといわれる子どもは「落ち着いている時には事の是非、善悪はわきまえ、正しい判断力をもち、自分の情緒的反応行動を客観的にみることができるが、情緒的に緊張した状況でこの判断は働かず、情緒的反応が先行してしまうという点であろう」（中根晃前掲書、一四九ページ）と見られているからです。

ＡＤＨＤは、それでは情緒障害と概念的にどのような関係にあるのでしょうか。知的能力の面で障害はない、すなわち知的障害を有せず、かつ行動特性が酷似しているので情緒障害との関連、異同などについて考察されてしかるべきなのに、それがまったくと言ってよいほど行われていないのは驚くべきです。実際問題として、以前であれば「情緒障害」さらには「自閉症」と捉えられていた子どもたちの多くが現在ではこのＡＤＨＤと見なされている場合が多いと思われます。

認識論的に見て、人間の心の構造は理論的知的側面と実践的側面とを相互に含み合う形で併せ持っています。前者は直観、表象、概念、思考といった段階ないし要素を示し、後者は気分、衝動、恣意、意志、感情といった段階ないし要素です。私たちは対象をたんに五感で感じるだけでなく、注意という能動的な作用を及ぼして対象を認識することで、対象を直観にもたらすことができます。したがって、この注意に欠陥があるということは、人間の認識の知的側面に困難を来すことにならざるをえません。また認識の知的側面で困難をきたせば、当然行動も通常のありかたから逸脱する他ないでしょう。少なくともその傾向は大きくなります。注意欠陥多動性障害とはそうしたありかたを示すものと思われます。

しかし、人間の認識はそうした知的側面だけに照明をあてては決してその全体像は見えては来ません。知的な側面は同時に実践的な側面もあわせもっています。いま、認識の知的側面に困難をきたせば当然行動も逸脱すると言いましたが、知的要素を行動に媒介する実践的要素を明らかにしなければなりません。対象にたいする注意に欠陥があれば気分も安定せず、衝動も意志にまで高まるということが困難となるでしょう。つまり、目的意識的な行動が難しく、多動の傾向も強まるでしょう。気分いいかえれば情緒に障害があるとはいえなくともきわめて不安定にならざるを得ないと考えられます。

その意味で、注意欠陥多動性障害とは情緒障害ないし情緒不安の下位概念として捉え返すことができるのではないでしょうか。いわばその概念に包括されるものではないかと思います。脳機能面での原因については、「前頭葉の神経伝達物質に障害があると推察され、薬も開発されている」(A・A・シュトラウス『脳障害児の精神病理と教育』)とのことですが、依然としてそれは「推察」にすぎないのです。私は自閉症と情緒障害との区別と関連について脳機能障害の有無にかかわらず、知的障害を伴うものを自閉症、伴わないものを情緒障害というふうに分類しておきましたが、それとのかかわりからいうと、このＡＤＨＤも情緒障害のなかに含めてさしつかえないと考えています。

学習障害についてです。これについても、全般的な知的障害を否定しながら、しかし、個々の「学習能力」に著しい遅れが顕著であるというものです。またＡＤＨＤとの関連も深いとされています。これについては主に論じることはできませんが、学習障害と概念化されている特性についての私の感想は、いくつかあります。

一つは、学習障害についての説明でいわれているところの「聴く、話す、読む、書く、計算する、推論する能力」というものを学習能力という概念で捉えることに対する根本的な疑問です。これはやはり、認識・言語能力というべきであって、「学習」といったある意味で狭い概念に押し込めるべきではないのです。ＬＤという形で米国の臨床的実践的な医療ないし教育の現状のなかから生み出されたプラグマティックな概念を、理論的な吟味もなく鵜呑みにするところからさまざまな混乱が引き起こされているともいえます。私は、学習障害は本来は部分的知的障害ないし、部分的発達遅滞といった理解が妥当と思います。

以上の理論的な問題が曖昧なまま、ことは学習のプロセスでの困難をどうとらえるか、という問題をすべて学習障害という枠組みで捉えるとなると、教育的取り組みで解決していくべき課題を、治療の対象にしてしまう危険性に満ちていると言わねばなりません。（以上の考察を

知的障害と非知的障害の分類

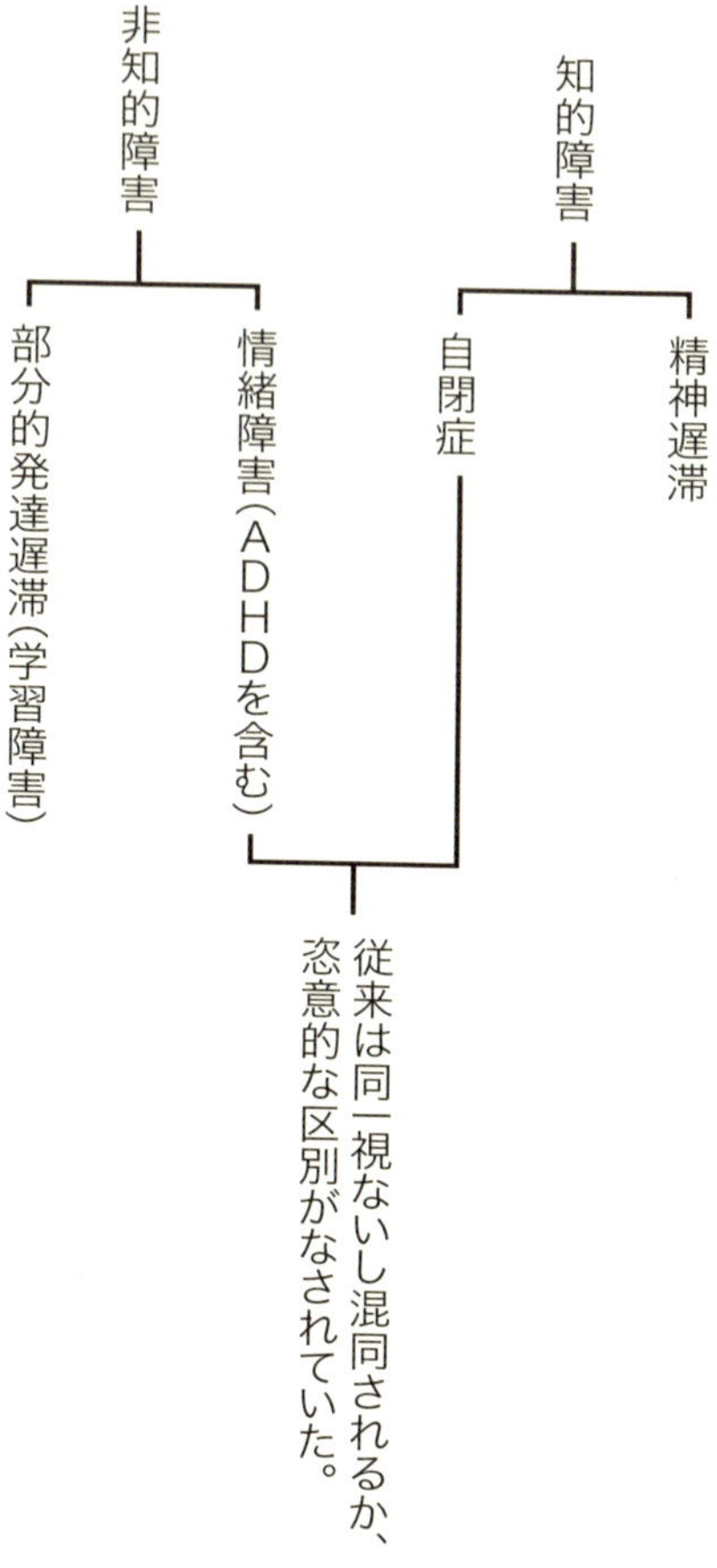

分類的に整理すると図のようになるでしょう。）

ここで、脳障害ということに関する問題について述べておきたいことがあります。これまで、脳障害あるいは脳機能障害あるいは損傷ということについて、くわしく論及していないのは理由があります。私は、脳の機能や構造とその損傷あるいは障害について研究することを否定しませんし、それが進歩することを望むものですが、現在の段階では遅滞や自閉の行動特性やその認識の構造を解明するのにほとんど寄与しないと思っているからです。また、脳研究が進歩しても、知的障害児に対して教育的配慮と制御をすすめていこうという私たちの基本的立場からいって、そのためには認識論的言語論的研究というものが主導しなければならないと考えています。

脳障害に関連した脳の解剖学的研究がよってたつ思想は、いわゆる脳機能局在論です。いうまでもなく、現在では脳というものが全体としていわばのっぺらぼうに働くなどといった議論はありえないという意味では脳機能局在論に立つ脳機能研究というものが前提とならざるをえないということは明らかでしょう。しかし、現在の脳機能研究の水準は人間の行動と認識のさまざまな要素に対応する部位を仮説的に提起しているのがせいぜいで、その要素間の相互作用、調整についてはほとんど明らかにされていないのではないでしょうか。

たとえば、『毎日新聞』が特集した「新　神への挑戦　脳と心に迫る」シリーズではセロトニンなる神経伝達物質を紹介しています。これは「前頭葉などの神経細胞に働いて情動をコントロールするとされる物質」（二〇〇一年二月十六日付け朝刊）だそうです。情動をコントロールするとなると、まさに認識の感情と意志と知性との相互作用の問題です。現在ではこういう認識要素の相互作用、調節の機能を実体としてのある種の神経伝達物質に見出そうとするのが脳研究の主流のようです。

しかし、この新聞での紹介記事は、ネズミを使った実験で、「セロトニンを放出する脳細胞を破壊したラット」は「そのおりに入ってきたマウスをかみ殺してしまった」が、「神経細胞を移植してセロトニンを再び放出できるようになったラットはマウスを殺さなくなった」という結果を記しています。さらに「自閉症の子どもでは、脳内のセロトニンの濃度が低いことが分かっている」と断定したうえで、セロトニン濃度の高いマウスが強い攻撃性を示す実験例も紹介しているのです。ここでの問題は情動を統制するというセロトニン仮説はネズミといった下等動物においても不確実な代物にすぎないということ、そして、そうした仮説を人間にそのまま適応できるかに発想することです。

子どもたちは、まさに家庭のなか、地域のなかではさまざまな、それこそ十人十色の子どもたち、大人たちのなかで育っています。当然障害をおう子どもたちも、そうしたインクルーシヴな（包括的な）つながりの中で育つのでなくては、その障害のゆえからくる本来のハンディキャップも見えてこないのではないかと思っています。一般社会あるいは地域の学校から隔離されているのでは、そのことに起因する二次的障害がさらに障害ある子どもたちとその家族を苦しめることになるのですから。

埼玉県　柴崎律

（『増刊・人権と教育』34、41号、2001年5月、2004年11月）

執筆者一覧

第Ⅰ部

石川　愛子（いしかわ　あいこ）小学校教員

平林　　浩（ひらばやし　ひろし）科学教育研究

向井　克典（むかい　かつのり）会社員

山田　英造（やまだ　ひでなり）小学校教員

佐藤　哲郎（さとう　てつお）小学校教員

野村みどり（のむら　みどり）小学校教員

菊地絵里子（きくち　えりこ）主婦

中鉢美津子（ちゅうばち　みつこ）主婦

川畑まり子（かわばた　まりこ）主婦

周藤　美保（しゅうとう　みほ）主婦

第Ⅱ部

渡辺　丈子（わたなべ　たけこ）主婦

村山起久子（むらやま　きくこ）主婦

下山　圭子（しもやま　けいこ）主婦

山田　町子（やまだ　まちこ）主婦

山田　耕作（やまだ　こうさく）会社員

宮永　　潔（みやなが　きよし）小学校教員

水野　正人（みずの　まさと）会社員

水野　敦子（みずの　あつこ）主婦

第Ⅲ部

津田　道夫（つだ　みちお）評論家

柴崎　　律（しばざき　りつ）雑誌『人権と教育』編集部員

障害者の教育権を実現する会の機関紙・誌について

「障害者の教育権を実現する会」では、月刊『人権と教育』と雑誌『増刊・人権と教育』（年２回刊）を編集・発行しています。月刊『人権と教育』は、書店で購入できませんので、関心のある方は、

障害者の教育権を実現する会

〒330 - 0061 さいたま市浦和区常盤３ - 18 - 19　正栄ビル 401 山田方

電話 048 - 832 - 6966　FAX048 - 822 - 6551

郵便振替 00170 - 2 - 179147

メール：cerp1971@j9.so-net.ne.jp

ホームページ：http//www016.upp.so-net.ne.jp/cerp/

に直接お申し込みいただけると幸いです。１部 220 円、年間購読料 2200 円。見本紙送れとのご要望にもお応えしています。

また、月刊『人権と教育』20 号分を、そのつど１冊にまとめた保存用の合本もあります。現在 15 号まで出ていますが、こちらは頒価 2000 円と割安になっています。

『増刊・人権と教育』（年２回刊、１部 1000 円）は、社会評論社に発売元をお願いしていますので、最寄りの書店でも購入できますが、発売と同時に入手するためには、直接購読という方法もあります（年間購読料 2000 円）。その場合にも、会事務所へ直接お申し込みください。

障害者の教育権を実現する会では、就学の相談（要望書の書き方や教育委員会との話し合いのすすめ方、その他）や、就学以後の問題についての相談にも応じています。お気軽に電話なりファックスなり手紙なりをお寄せください。事務専従が、月、水、金曜日の午前 10 時半から午後５時半まで事務所につめております。また、３人の事務局員が、月、水、金曜日の午後５時半から７時まで当番制でつめており、就学・教育相談に応じています。

さらに、講師の派遣その他にも応じるようにしています。くわしくはご相談ください。

石川愛子（いしかわ　あいこ）

1948年生まれ。小学校教員。

障害者の教育権を実現する会事務局員。雑誌『増刊・人権と教育』編集部。

著書『遊びの発見 ことばの獲得 ── もうひとつの統合教育』（社会評論社刊）。

共編著『マニュアル 障害児のインクルージョンへ－地域の学校でいっしょに学ぶ』（社会評論社刊）。

宮永潔（みやなが　きよし）
1949年生まれ。小学校教員。
障害者の教育権を実現する会「就学・教育相談室」室長。
共編著『マニュアル 障害児の学校選択 ── やっぱり地域の学校がいい』（社会評論社刊）。共編著『マニュアル 障害児のインクルージョンへ ── 地域の学校でいっしょに学ぶ』（社会評論社刊）。

マニュアル　障害児が普通学級に入ったら読む本

2005年10月15日　初版第1刷発行

編　者 ── 石川愛子・宮永潔
装　幀 ── 桑谷速人
発行人 ── 松田健二
発行所 ── 株式会社社会評論社
東京都文京区本郷2-3-10
☎ 03-3814-3861　FAX.03-3818-2808
http://www.shahyo.com
印　刷 ── 互恵印刷
製　本 ── 東和製本＋東光印刷